진로교육, 아이의 미래를 멘토링하다

글·조진표

주니어김영사

 저자의 말

대한민국의 아이들은 과연 행복한가? 전국 곳곳에서 연간 300회 이상의 강의를 하면서 계속 든 의문이다. 최고급 호텔에서 소수의 VIP를 대상으로 한 자녀 교육 강연이나 지리산 산자락 아주 작은 학교의 학부모를 대상으로 한 진로 지도 강연에서도 학부모의 뜨거운 교육열을 느낄 수 있다. 소득 수준과 상관없이 자녀가 잘되기를 바라는 부모의 마음은 한결같았다. 하지만 당사자인 아이들은 과연 행복하다고 느낄지 의문이 들었다.

온 나라가 이토록 교육에 관심이 많고, 또 부모의 노후를 해쳐 가면서까지 자녀를 위해 많은 교육비를 투자하고 있다면, 아이들은 당연히 행복해해야 할 것인데 '아이들이 행복한가?'라는 질문에 '그렇다!'라고 자신 있게 답변하지 못하는 것이 현실이다.

학교 교실은 점점 첨단 시설로 바뀌어 가고 있고, 개개인이 돈을 투자하여 아이들의 학습량은 늘어가고 있는데 행복하지 않은 이유는 대체 뭘

까? 바로 제일 잘하는 1등이 누구인지를 찾으려고 아이들을 한 줄로 세우려고만 하기 때문이다. 사회는 아이들이 자신만의 길을 찾아 1등이 될 수 있는 분야, 모두가 1등이 될 수 있는 길을 알려 주지 못하고 있다. 즉 '진로교육의 부재'가 아이들을 행복하게 해 주지 못하는 것이다.

꿈을 꾸라고만 말할 뿐 꿈을 꾸는 방법은 가르쳐 주지 않고 학습법에 대해서만 이야기한다. 세상이 바뀌고 있다고만 말할 뿐 어떻게 변해 가는지는 알려 주지 않고 대학 입시 제도의 변화만을 이야기한다. 각자 타고난 소질이 있어도 학습 진도를 따라가느라 바빠서 자신이 어떤 사람인지 탐색의 시간을 갖지 못하고, 미래를 설계할 시간조차 얻지 못하고 있다.

현재의 시스템은 모두가 노력하지만 행복해지지 못하는 시스템이다. 이제 교육 방향을 바꿀 때가 되었다. 최근 1~2년 사이 교육계에서 진로교육의 중요성을 크게 강조하고 있다는 것은 다행스러우나, 진로교육의 의미 전달과 체계적 접근은 미흡한 상황인데다 필요성을 공감하지 못하는 현장도 많다. 지금은 아이들의 미래를 위해 툭 터놓고 '진로교육'을 논의해야 할 시점이다. 몇몇이 주도하는 진로교육이 아니라 국가 교육의 큰 방향을 설정하는 논의가 교육 기관, 학교, 민간 등의 참여로 이루어져야 한다. 그것이야말로 특정 계층, 특정 지역 아이들을 위한 것이 아니라 대한민국 모든 아이들의 행복을 위하는 일이기 때문이다.

《진로교육, 아이의 미래를 멘토링하다》는 수많은 강의를 통해 청중들이 공감했던 내용을 정리한 것이다. 이 책이 학부모, 교사, 교육 담당자들이 진로교육의 중요성을 인식하고 진로교육의 방향을 설정하는, 진로교육의 입문서 역할을 하기를 진심으로 바란다. 또한 올바른 진로교육을 통해 대한민국의 아이들이 행복해져서 사회가 더 좋아지기를 기대한다. 이것은 곧 모든 학부모가 바라는 일이라는 것을 믿어 의심치 않는다.

이 책을 정리하는 데 많은 도움을 준 추현숙 씨와 김민정 씨에게 감사의 마음을 전하고, 내 모든 행동의 에너지원인 금선, 하윤, 하민에게 함께하여 늘 행복하다는 말을 전하고 싶다.

2012년 여름
조진표

차례

저자의 말 4

CHAPTER 1
진로교육, 혁명이 필요하다

왜 진로교육이 필요한가?

1. 아이의 성공과 진로교육 15
2. 학업 성취와 진로 선택 18
3. 행복한 인생 설계와 진로교육 22

CHAPTER 2
진로교육, 현명하게 해야 한다

부모는 무엇을 해야 하는가?

1. 아이를 과대평가하지 마라 27
2. 정보 마인드를 가져라 31
3. 과거는 잊어라 33

CHAPTER 3
진로교육, 빠르게 변하는 사회를 알아야 한다

미래 사회는 어떻게 변하는가?

1. 글로벌 시대, 무역 활동이 활발하다 37
2. 산업의 변화로 일자리가 줄었다 40
3. 자율과 경쟁 시대, 안정된 직업은 없다 44
4. 자녀의 고학력으로 부모의 노후 자금이 줄어든다 48
5. 학생 수는 감소하지만 취업은 어렵다 50
6. 복합적인 인재를 원한다 52

CHAPTER 4
진로교육, 교육 제도의 변화를 따라야 한다

교육 제도는 어떻게 변하는가?

1. 입학사정관제의 비중이 커지다 62
    1) 진로를 명확하게 정해라
    2) 직접 입학사정관이 되어 보자
    3) 구체적으로 학과를 정해라
    4) 성적, 아예 배제하지는 마라

2. 학부제 선발에서 학과제 선발로 바뀌다 77
3. 진로 중심으로 교육 과정이 바뀌다 79

CHAPTER 5
진로교육, 꼼꼼하게 로드맵을 만들어야 한다

어떻게 진로를 설계할 것인가?

1. 적성을 파악하고 진로를 설계하다 85

1) 자녀의 적성을 파악하는 방법
2) 좋아하면서 잘하는 것 찾기
3) 꿈에 대해 이야기하기
4) 적성 구조 파악하기

2. 꿈을 이루기 위해 진로 성숙도를 높여라 108

1) 진로 성숙도와 학습 능력의 관계
2) 진로 성숙도를 높이는 방법

3. 미래 사회 트렌드에 필요한 능력 119

1) 글로벌 시대, 외국어 능력이 필요하다
2) IT 분야의 발전, 프로그래밍 능력이 필요하다
3) 감성 중시 경향, 디자인 능력이 필요하다
4) 콘텐츠 산업의 부흥, 스토리텔링 능력이 필요하다

CHAPTER 6
진로교육, 단계별로 해야 한다

시기별 진로교육 실천 전략

1. 초등학생, 다양한 경험을 하라 134
2. 중학생, 좋아하는 것을 알고 계열을 정하라 138
3. 고등학생, 1학년 때 학과 선택을 하라 145
4. 대학생, 자신의 실력을 최고로 만들어라 147

CHAPTER 7
진로교육 혁명을 위한 제언

진로교육, 더 나아가 진로혁명으로!

1. 가정에서는 진학보다 진로를 먼저 생각하라 157
2. 학교에서는 진로교육의 시야를 넓혀라 159
3. 국가는 전문가의 말에 귀 기울여라 162
4. 진로 설정의 9가지 원칙 164

　1) '머리'가 되는 경험 설계하기
　2) 현재 성적에 맞추어 설계하기
　3) 적성을 살리고 특별한 무기 만들기
　4) 외국어 능력 키우기
　5) 심성, 성실성, 사회성 골고루 키우기
　6) 30세 이전에 글로벌 경험하기
　7) 아이의 행복을 우선하기
　8) 안정적인 직업은 없다고 생각하기
　9) 부모의 노후도 준비하기

CHAPTER 8
진로교육 실천, 진로 설계 방안

진로 설계는 어떻게 할까?

1. 1:1 진로 컨설팅 174
2. 스쿨멘토링 178

부록
진로 성숙도 테스트 183

CHAPTER 1

진로교육, 혁명이 필요하다

왜 진로교육이 필요한가?

진로교육은 아이가 적성에 맞는 일을 찾아 그 일을 직업으로 삼을 수 있도록 길을 제시해 주는 것이다. 사실 우리는 진로교육의 중요성을 잘 알지만, 치열한 입시 환경 때문에 진로 지도를 번번이 뒷전으로 밀어 놓고 있다. 진로보다는 진학의 중요성을 강조해 온 것이다. 그로 인해 아이들의 꿈, 아이들의 성공, 아이들의 행복은 송두리째 빼앗겨 버렸다. 하지만 오늘날 사회적 환경과 인식이 놀라운 속도로 달라지고 있다. 그러므로 이러한 때에 진로교육의 필요성에 대해 알아볼 필요가 있다.

1. 아이의 성공과 진로교육

성공이란 무엇일까? 비싼 자동차를 타고, 계절마다 해외여행을 다니는 것? 아니면 남들이 부러워하는 일류 대학이나 대기업에 들어가는 것? 이러한 모습은 모두가 부러워하는 삶일 수는 있지만 성공한 삶이라고 정의하기는 힘들 것이다.

개인적으로 성공이란 '자신이 좋아하는 일을 하면서 경제적으로 독립하는 것'이라고 말하고 싶다. 남이 부러워하는 일을 하더라도 본인이 만족하지 못하면 성공하지 못한 삶이며, 자신이 좋아하는 일을 하더라도 경제적으로 독립하지 못했다면 주변에 폐를 끼치는 실패한 삶이다. 좋아하는 일을 하면서 경제적으로 독립하는 것이 쉬울 것 같지만, 세상을 살다 보면 가장 이루기 어렵다는 것을 절실히 느끼게 된다.

그렇다면 우리 아이가 성공, 즉 좋아하는 일을 하면서 경제적으로 독립하려면 어떻게 해야 할까? 그 해답은 바로 진로교육에 있다.

사실, 부모 세대는 맘껏 행복을 누리면서 살지 못했다. 바꾸어 말하면 좋아하는 일을 하면서 경제적으로 독립해 본 경험이 거의 없다는 이야기이다. 과거 우리나라는 좋아하는 일을 한다는 것은 사치로 여길 정도로 먹고 살기가 힘들었다. 이처럼 경제적으로 낙후되다 보니 의식주의 해결이 우선이었다.

그런데 오늘날 대한민국은 몰라볼 정도로 달라졌다. OECD(경제 협력 개발 기구)국가로 경제적으로도 선진국으로 나아가고 있고, 국내 기업은 글로벌 기업과 어깨를 나란히 할 만큼 성장했고, K-pop 문화가 세계인들을 매료시키는 나라가 되었다. 이렇듯 나라는 잘살게 되었지만 부모들은 여전히 불안하다. 소득 양극화가 심해서 상대적 빈곤감에 시달리기 때문이다. 국민 소득 2만 달러면 4인 가구를 기준으로 가구당 소득이 8만 달러, 바꾸어 말하면 한 가정에 연봉 8천~9천인 가장이 있다는 뜻이다. 하지만 실제로 대부분 가정의 가구 소득은 그에 훨씬 못 미친다. 그만큼 양극화가 심각한 것이다. 그러니 개개인은 크게 행복감을 느끼지 못하고, 사회적으로도 좋아하는 일을 하면서 행복할 수 있다는 인식의 변화가 잘 생기지 않는 것이다.

부모들이 인생에 있어서 공부를 중요시 여기는 이유도 여기 있다. 아무리 의식을 바꾸려 해도 좋은 대학을 나와야 잘사는 것처럼 보이기 때문에 부모들은 성적으로 아이의 미래가 결정된다고 여기는 것이다. 그래서 '성적이 나쁘면 실업계(특성화 고등학교), 성적이 좋으면 인문계'라는 옛날 이야기에서 벗어나지 못한다.

하지만 이것은 부모 세대가 가진 틀에 박힌 생각일 뿐이다. 요즘에는 좋은 대학을 나와도 성공하지 못하거나 좋은 대학을 나오지 않아도 성공한 사람이 의외로 많다. 이제 사회가 변했다. 그러므로 일류 대학을 목표로 한 획일적인 진학이 아니라 개인에게 맞는 전략적인 진로교육이 중요하다.

직접 발품을 팔아 보면 의외로 성적이 우수한 아이들이 가는 특성화 고등학교도 많다는 것을 부모도 알게 될 것이다. 우수한 특성화 고등학교의 경우, 중학교 내신 성적 커트라인이 상위 20~30%인 경우도 있다. 이것은 평준화 지역의 일반 고등학교 커트라인보다 훨씬 높은 수치이다. 그러므로 부모들은 의식 변화와 함께 진로에 관한 정보를 얻기 위해 적극적으로 노력해야 한다. 아이들이 자신이 좋아하는 일을 하기 위해서는 경쟁력이 있는 분야를 찾아서 목표를 정하고, 그 직업을 갖기 위해서 가장 좋은 고등 교육 기관을 알아보고, 그곳에 가려면 어떤 준비를 해야 하는지에 대해 부모가 명확하게 알려 줘야 한다.

그런데 현실은 어떤가? 부모는 자신이 못 이룬 것만 강요하기 때문에 아이는 자신이 잘하고 좋아하는 것을 찾지 못하고 방황하게 된다.

부모들이 원하는 자녀의 '행복하고 성공한 삶'은 반드시 공부만 잘해야 가능한 것은 아니다. 누구든 각자의 분야에서 상위 1%가 될 수 있다. 자녀가 성공하기를 원한다면 부모의 생각부터 달라져야 한다.

2. 학업 성취와 진로 선택

진로 이야기에서 공부는 빼놓을 수 없고, 많은 부모들이 가장 걱정하고 고민하는 것이기도 하다. 그러므로 진로교육과 공부에 대해 알아보기로 하자.

요즘은 자기 주도 학습이 유행처럼 번지고 있다. 매스컴이나 출판 쪽에서도 자기 주도 학습을 강조하고 있다. 그럼 자기 주도 학습을 잘하려면 어떻게 해야 할까? 무엇보다 뚜렷한 목표와 공부 습관이 잘 잡혀 있어야 한다. 목표가 뚜렷해야만 동기가 생기고, 동기가 생겨야 책상 앞에 앉게 되기 때문이다. 목표가 있는 아이들은 습관만 잘 잡아 주면 자연스럽게 자기 주도 학습을 해 나갈 수 있다. 진정한 자기 주도 학습이 이루어지기 위해서는 뚜렷한 목표 아래 생활 습관과 학습 습관이 일상에 자리 잡아야 한다. 이때 목표를 만들어 주는 것이 진로 선택이다.

학업 성취를 위해서도 진로는 중요한 의미를 가진다. 자, 이제는 학업 성취가 진로에 미치는 영향을 알아보자.

공부를 하지 않으면 스스로가 타고난 학업 성취 능력이 어느 정도인지 알 수가 없다. 열심히 공부를 해 봐야 자신의 학업 성취 능력을 확인할 수 있다. 만약 전혀 공부를 안 한 상태라면 능력이 있는데 안 해서인지, 원래 타고난 게 그 정도인지 알 수가 없다. 그래서 일단 청소년기에는 기본적으로 학교에서 하는 여러 가지 활동과 공부를 열심히 해 봐야 한다.

또, 공부를 통해서 배우는 자질들이 성공에 반드시 필요하기 때문에 학업 성취가 중요하다. 공부를 하면서 배우는 인내심, 힘든 일을 해내는 능력, 머리 쓰는 법 등은 분야와 상관없이 성공의 중요한 요소이다. 성공은 자기가 좋아하는 것을 얼마나 잘하느냐 보다는 싫어하는 것을 얼마나 잘 참고 견디느냐에 달려 있다고 보면 된다. 아무리 자기가 좋아서 하는 일이라도 힘든 과정을 겪어야만 성공할 수 있기 때문이다. 축구를 잘하고 좋아하는 박지성 선수도 발 모양이 변할 정도의 혹독한 훈련 과정을 견뎌 오늘날에 성공을 이룬 것이다.

상담을 하다 보면 자신의 꿈은 '자유롭게 살고 싶은 것'이라고 말하는 학생들이 많은데, 이럴 때 반드시 해 주는 말이 있다.

"너희들 좋아하는 무협지 소설 보면 어떠니? 무술을 가르쳐 달라고 도사를 찾아가면 처음엔 물을 긷게 하고 장작을 패게 하고 청소를 시키지? 왜 그럴까? 무술은 재미있고 폼 나니까 누구나 하겠다고 덤비지만 가르치는 입장에서는 성실한 사람을 뽑고 싶어 해. 무술의 일인자가 되려면 고통의 시간을 견뎌야 하기 때문에 그 과정을 견뎌 낼 수 있는 사람이라야 해. 그래서 청소하고 밥하는 재미없고 힘든 일을 시키는 거야. 힘든 것을 해내는 사람만이 포기하지 않고 무술을 배울 수 있기 때문이지. 그리고 사실 청소하고 밥하는 시간이 무의미한 것이 절대 아니야. 그동안 체력을 키우고, 인내심을 키우고, 스스로 생각하는 능력을 키우면서 무술을 받아들이는 기초를 배우게 되거든."

공부도 무술과 마찬가지로 훈련의 과정이다. 어떤 분야에서 성공하려면 자신을 억제하고 인내하는 능력이 무엇보다 중요하다. 그러나 아이들은 이런 인내를 견디는 것에는 관심이 없다. 대신에 일반적으로 모든 사람들이 좋아하고 재미있어 하는 일이 자신에게 잘 맞는 특성이라며 그것만 하고 싶어 한다.

"전 자유로운 게 좋아요."

자유롭지 않은 삶을 꿈꾸는 사람이 있을까? 이 세상의 모든 사람들은 자유를 좋아한다.

"전 여행 다니는 게 좋아요."

마찬가지이다. 여행을 싫어하는 사람은 세상에 없을 것이다. 대부분이 시간이 없거나 돈이 없기 때문에 여행을 떠나지 못하는 것일 뿐이다.

좋아하는 일을 하기 위해서는 싫어하는 일을 하면서 견뎌야 하는 것이 세상의 이치이다. 그러므로 학업 성취는 아이들의 성실성을 키우는 수단이자, 학습 능력을 파악하는 수단이 된다.

"그러니까 결국에 공부가 중요하다는 말이잖아요."라고 되묻는 사람이 있을 수도 있다. 하지만 여기에는 큰 차이가 있다. 공부를 성실성을 키우는 수단으로 이해한다면 시험을 통해 나오는 점수가 아니라 공부하는 과정과 그 과정에서 얻어지는 것이 더 중요하다는 것을 깨닫게 될 것이다. 기말고사가 끝나고 2주 후에 날아오는 성적표가 아닌, 기말고사를 준비하는 과정으로 평가한다는 말이다. 기말고사를 준비하는 과정이 지난번 중간고사를 준비할 때보다 얼마나 나아졌느냐가 중요하다. 냉정하게 말해서 기말고사 평가는 시험 보러 가는 날 아침 아이의 뒷모습에서 끝나야 한다.

시험 당일 아침에 "이번에 보니 우리 딸, 참 열심히 시험 준비하더라. 지난번보다 계획도 훨씬 잘 세우고, 매일매일 실천하는 모습이 정말 좋았어."라고 평가해 주어야 한다. 시험을 준비하는 과정에서 아이가 점점 성실해지는 모습을 볼 수 있다면 그것이야말로 아이의 성공인 것이다.

훗날 아이가 자신이 원하는 직업을 갖게 되었을 때는 공부하는 과정에서 길러진 인내심, 머리 쓰는 법 등이 더해져 성공하게 된다. 즉, 진로와 공부는 서로 떼려야 뗄 수 없는 관계이다. 목표가 있어야 공부를 열심히 하게 되고 공부를 열심히 하는 과정을 통해 얻은 능력들이 꿈을 이루게 한다. 그러므로 공부 자체를 강조하는 것을 폄하할 필요는 없다.

다만 해외의 교육 선진국에서는 성실성을 키우는 수단으로 예술, 스포츠 등 다양한 방법을 활용할 수 있는 기회를 주는 데 반해 우리나라의 교육은 여전히 공부만이 전부인 양 강조하는 것이 아쉬울 따름이다.

3. 행복한 인생 설계와 진로교육

자녀가 행복하기를 원한다면, 부모는 아이가 어떤 직업을 갖고 싶어 하는지에 관심을 기울여야 한다. 공부하라는 잔소리는 입에 달고 살면서, 정작 부모는 내 아이가 어떤 직업을 갖게 될지에는 관심이 없다. 아이가 행복하기를 원한다면 아이가 행복해지는 인생 설계에 관심을 가져야 한다.

부모들은 아이가 좋은 대학만 들어가면 행복할 것이라고 착각하지만, 그때부터 돌이킬 수 없는 고민이 시작된다. 대학은 인생의 정점이 아니다. 어떻게 보면 시작에 가깝다. 어느 대학에 들어갔느냐 보다는, 사회에 나왔을 때 어떤 직업을 갖느냐가 삶의 행복을 좌우하는 경우가 많다.

또한 내 아이가 행복하길 원한다면, 아이의 미래가 점점 향상되는 설계를 하는 것도 중요하다. 차를 바꿀 때도 배기량 설계를 잘해야 한다. 큰 차를 타다 작은 차를 타면 불편함을 느끼고, 큰 집에 살다가 작은 집에 살면 답답함을 느끼게 된다. 그러므로 차근차근 계획해서 하나씩 이룬 후에 느끼는 성취감을 아이들도 느낄 수 있도록 해야 한다. 한방에 성공하는 인생은 재미가 없다.

부모들은 아이들의 성적이 순식간에 오르기를 바란다. 하지만 아이가 진짜 성취감을 느끼려면 조금씩이라도 나아지는 느낌을 갖게 하는 것이 중요하다. 유명하다는 과외 선생이나 비싼 학원에 보내 아이 성적을 단박에 올리기보다는, 힘들더라도 자기 힘으로 문제를 하나하나 풀면서, 그것이 성적 향상으로 연결되었을 때 아이들도 보람을 느끼고 행복을 느낀다. 인생은 늘려 가는 재미이며, 조금씩 늘려 가면서 삶에 대한 만족도도 높아진다.

　예를 들어, 특목고를 나와서 명문대를 졸업한 인재가 삼성전자와 같은 대기업에 근무하면 얼마나 만족할까? 실제 만족도는 의외로 낮았다. 특히 공부를 잘해 항상 남들이 부러워하는 성과를 냈지만 목표가 없는 사람들이 그렇다. 이런 사람들은 사회에 나온 뒤 동창회에서 자신보다 더 잘나가는 친구들을 만나면 '유학이나 갈까', '대학원에 진학할까' 하면서 방황한다. 명확한 꿈이 없기 때문에 다른 사람들을 부러워하면서 시간을 허비하게 되는 것이다. 너무나 안타까운 모습이다.

　그런데 재미있는 것은 지방에 있는 대학을 나와서 국내 대기업에 다니는 사람은 상대적으로 만족도와 행복감이 높았다고 한다. 앞의 경우와 같은 자리이지만 자신의 인생이 조금씩 나아지는 경험을 하고 있기 때문이다.

　하버드 경영 대학에서는 마지막 시간에, 일반적인 수업 대신 교수들이 생각하는 최고의 조언을 하는 시간을 가지는데, 그때 한 교수가 이렇게 말했다.

　"1년 뒤, 5년 뒤, 10년 뒤 동창회에는 가지 마라. 25년 뒤쯤 가는 것이 좋다."

　이 말은 단기간의 사회적인 평가에 휘둘리지 말고, 자신의 꿈을 실현하는 데에 집중하라는 충고이다. 진로는 자신의 인생 전체를 어떻게 살아갈 것인가를 계획하는 것이다. 졸업 후, 5~10년은 열심히 노력해야 하는 시기이지 최종 평가를 내릴 시기는 아니다. 다른 사람들이 생각하는 성공적인 삶이 아닌 내가 생각하는 성공을 목표로 장기적으로 접근해야 한다.

하지만 부모는 마음이 급하다. 지나친 선행과 고액 과외를 해서라도 아이가 특목고에 들어가야 하고, 일류 대학에 들어가야만 한다. 이러한 인생 설계는 아이의 행복과는 점점 멀어지게 된다.

부모는 스스로에게 물어봐야 한다.

'나는 행복한가?'

'나는 내 일을 하면서 만족스럽고 행복한가?'

그렇다고 대답할 수 있는 부모들은 아이가 좋아하는 것을 찾아 주려고 노력할 것이다. 반면, 그렇지 않는 부모들은 세상의 기준을 따르게 된다. '명문대 나오면 좋은 직장'이라는 낡은 명제에 사로잡히게 되는 것이다.

아이가 진정 행복하길 원한다면 더 늦기 전에 진로교육부터 시작해야 한다. 부모, 학교, 국가가 나서서 말이다.

CHAPTER 2

진로교육, 현명하게 해야 한다

부모는 무엇을 해야 하는가?

우리나라는 세계 어느 나라보다 부모의 교육열이 높다. 가난하면 가난한 대로, 잘살면 잘사는 대로 자식 교육에 목숨을 건다. 수천 건의 상담을 하다 보면 잘 되는 집은 교육열이 높은 것은 기본이고, 부모의 의식이 다르다는 것을 느낄 수 있었다. 사실 그처럼 '다른 의식'이 진로교육에서 가장 중요하다. 그렇다면 자식 농사 잘 짓는 부모는 어떤 생각으로 아이들을 키울까?

1. 아이를 과대평가하지 마라

아이를 성공시키는 부모는 아이의 현실적인 능력을 객관적으로 잘 파악한다. 아이의 능력을 과대평가하지 않고 냉정하게 있는 그대로 평가한다. 하지만 주위에 휩쓸려 교육열만 높은 부모들은 아이를 과대평가하는 성향이 있다.

사실 자녀를 객관적으로 평가하는 것은 말처럼 쉽지 않다. 특히 오늘날처럼 과열된 교육 환경 속에서 부모가 냉정하게 내 아이를 평가하기란 쉽지 않다. 실제로 대부분의 부모들은 매번 아이의 성적표를 보면서도 나쁜 점수는 금방 잊어버리고 가장 높은 시험 점수만 기억한다.

부모들의 대표적인 거짓말을 들어볼까?

"우리 아들은 어려운 문제는 잘 푸는데, 쉬운 걸 꼭 틀려요."

아이가 머리가 좋아 어려운 것은 잘 맞히지만 쉬운 것은 실수를 한다는 말이다. 하지만 실제로는 어려운 것은 우연히 찍어서 맞혔고 쉬운 것은 직접 풀었지만 틀린 것이다. 이 경우에는 틀린 것에 초점을 맞춰야 한다. 쉬운 것을 틀리는 것이 바로 아이의 실력이다.

"우리 딸은 영어랑 수학은 잘하는데 암기 과목은 약해요."

부모는 자녀가 영어와 수학을 잘하니 앞으로 조금만 하면 암기 과목도 잘할 것이라고 믿고 싶어 한다. 어릴 때부터 공부를 국영수와 암기로 나눠 놓고 영어, 수학만 강조했기 때문에 영어, 수학이 점수가 잘 나오는 것은 당연하다. 그런데 부모는 국영수는 머리가 좋아 잘하지만, 암기 과목은 아직 열심히 하지 않아 못하는 것이라고 믿고 싶은 것이다.

이처럼 부모가 자신의 아이를 과대평가하는 것은 생각보다 큰 문제를 불러일으킨다. 그중 가장 큰 문제는 적시교육을 시키기가 힘들어진다는 것이다. 적시교육은 아이의 발달 상태 및 학업 능력에 적합한 교육을 시키는 것을 말한다.

부모들은 아이에게 맞는 교육을 시키지 않고, 항상 아이를 과대평가해서 선행 학습 위주로 공부를 시킨다.

공부를 잘하기 위한 필수 조건이 결코 선행 학습은 아니다. 공부를 잘하려면 지금 배운 것을 완전히 이해하고 나서 좀더 난이도가 높은 어려운 문제를 풀어야 한다. 즉, 심화 학습을 해야 공부를 잘할 수 있다. 심화 학습을 한 다음 선행 학습을 해도 늦지 않음에도 불구하고, 부모들은 무조건 먼저 진도를 나가야만 마음을 놓는다.

예를 들어 《죄와 벌》 같은 두꺼운 고전을 5시간 만에 다 읽는 것은 온전히 내 것이 되지 않는다. 빨리 읽는 것과 내용을 깊이 이해하는 것은 전혀 다르다. 10쪽을 읽어도 얼마나 이해하느냐가 중요하다. 한 권을 다 읽어도 남는 게 없다면 의미가 없는 셈이다.

실제로 중학교 3학년 때 도형을 잘 이해해야 고등학교 2학년 때 어려운 공간 도형과 벡터 파트를 잘할 수 있다. 그런데 대부분 심화 학습은 안 하고 선행 학습으로 진도만 나간다. 그러다 보니 도형의 기초가 없어 공간 도형과 벡터를 이해하지 못한다. 선행 학습만을 중요시했기 때문에 매번 다시 처음부터 공부해야 하는 악순환을 반복하고 있는 것이 요즘 아이들의 현실이다.

그럼 부모들은 이렇게 되묻는다.

"우리 아이를 특목고 보내려면 어쩔 수 없어요. 거기 온 아이들 다 선행 학습을 하고 오잖아요?"

냉정하게 말해서 특목고에 진학한 아이들은 심화 학습까지 모두 끝내고 진도를 계속 나가는 것이다. 이건 엄밀히 말해 선행 학습이 아니라 적기 교육인 것이다.

그러니 아이가 중학교 2학년이라면, 2학년 수학 문제집을 풀어 다 맞힌다고 바로 3학년 1학기 문제집을 풀 것이 아니라 2학년 수준에서 좀 더 어려운 문제를 풀어야 한다. 그리고 어려운 문제집도 다 풀면, 비로소 3학년 예습을 해도 늦지 않다.

성공적인 자녀 교육을 하는 부모들은 의외로 냉정하다. 아이가 영어 학원 레벨테스트 결과 최고반이 나왔더라도 아래 레벨에서 더 실력을 다진 후 다음 단계로 올라가겠다고 말한다. 그래야 내 아이가 진짜 실력을 쌓게 된다고 믿기 때문이다. 그만큼 아이 실력을 냉정하게 평가하고 있다는 말이다.

부모 세대에는 중학교 때 반에서 3, 4등을 하면 서울에 있는 중위권 대학에는 들어갈 수 있었다. 하지만 요즘은 한 반이 35명 정도이므로 부모 세대의 3, 4등과는 많은 차이가 있다. 즉 반에서 3, 4등은 서울에 있는 대학에 입학할 수 있을 정도의 성적이라고 보면 된다. 그럼에도 불구하고 요즘 중학교에서 반에서 3, 4등을 하면 특목고 학원에서 입시 준비를 시킨다. 이는 대부분의 부모들이 아이를 과대평가하고 있기 때문에 일어나는 현상이다.

이러한 부모들의 과대평가와 욕심은 아이들을 지치게 한다. 예를 들면 김연아 선수가 경기에서 점수를 따려면 트리플러츠, 즉 점프를 해서 세 바퀴를 돌아야 한다. 당연한 이야기이지만 트리플러츠는 한 바퀴를 완벽히 잘 돌 때 비로소 도전할 수 있다. 만약 한 바퀴도 제대로 돌지 못하는 아이에게 트리플러츠만 시킨다면 아이는 금방 지쳐 버릴 것이다.

무조건 아이를 밀어붙이는 부모는 스스로 사랑과 애착을 혼동하는 것은 아닌지 의심해 봐야 한다. 사랑은 상대방의 성장을 돕는 것이고, 애착은 상대방과 나를 동일시하는 것이다. 많은 부모가 내가 원하는 삶을 아이가 살기를 바라며 부모의 자존심과 아이의 성적을 동일시하기 때문에 아이를 과대평가하는 현상이 생기는 것이다. 진정으로 내 아이의 성공을 돕고 싶다면 자녀를 과대평가하는 습관부터 버리자.

2. 정보 마인드를 가져라

아이를 잘 키우는 부모는 남다른 정보 마인드를 가지고 있다. 알아야 할 정보는 엄청나게 많은데 부모 자신의 얕은 경험 때문에 잘못된 선택을 할까 봐 노심초사한다. 남들이 보기에는 오히려 더 많은 경험을 하고 있는데도 그런 걱정을 하는 것이다.

이러한 부모들은 늘 새로운 정보를 얻기 위해 책이나 신문의 사회·경제 기사를 열심히 읽는다. 다큐멘터리를 보고 강연회도 다니고, 혹시 놓치는 게 있지 않을까 세심하게 숙고한다.

반면, 자녀 교육이 삐걱거리고 안 되는 집은 부모의 정보 마인드가 부족한 경우가 많다. 늘 부모는 자신의 경험이 전부인 것처럼 이야기한다.

"엄마 아빠가 경험해 봐서 아는데, 너는 부모가 하라는 대로 공부만 잘하면 돼. 공부 잘하면 다 돼."

예를 들어 이공계열을 나와서 지긋지긋한 직장 생활을 하는 부모는 "이공계 가지 마라. 겪어 보니, 대한민국은 상경계 나온 사람들이 다 잡고 있더라." 라고 말할 것이다.

또, 반대로 이공계열을 나와서 성공했으면 "내가 이공계 나와 보니, 이공계가 좋더라. 상경계 가지 말고 이공계 가라." 라고 말할 것이다.

물론 모두 아이를 위해 해 주는 조언임에는 틀림없다. 하지만 아이의 미래에 대한 이야기임에도 불구하고 그 중심에 아이가 있는 게 아니라 부모 자신의 일방적인 짧은 경험만이 있다.

정보 마인드 없는 부모가 아는 좋은 직업은 7개 정도이다. 의사, 판사, 변호사, 교수, 한의사, 교사, 공무원 등이 그것이다. 초등학교 때까지는 의사, 판사, 변호사, 교수, 한의사를 강요하다가, 중학교 때 성적이 안 좋으면 교사, 공무원이 될 것을 권한다.

그럼 그런 이야기를 듣는 아이는 어떨까? 아이가 중학교 2학년쯤 되면 부모의 말을 전혀 귀담아 듣지 않는다. 부모가 원하는 직업은 자신의 성적으로 갈 수 없기에 때문에 자신과 상관없다고 생각한다.

성적이 좋은 아이라 할지라도 자신의 적성과 맞다, 아니다를 판단할 수 있기 때문에 자신과 상관없는 직업이라고 여길지도 모른다. 결국 아이들은 '좋은 직업'을 강요하는 부모와는 이야기가 안 통한다고 느낀다.

아이들이 또래와 꿈에 대해 이야기를 나눌 때에도 비슷한 현상이 나타난다. 아이들도 아는 직업이 없기는 마찬가지이다. 연예인, 디자이너, 요리사 등 대중매체를 통해 쉽게 접해 본 직업에 대해서만 이야기하게 된다. 연예인을 꿈꾸는 것이 나쁜 건 아니다. 다만 적성에 대한 고려 없이 자신이 아는 직업 안에서 '연예인'을 꿈꾸는 것이 문제이다. 그만큼 진로 성숙도가 낮다는 이야기이다.

이때 정보 마인드가 있는 부모는 자신이 가진 정보 외에도 다른 사람들을 통해 필요한 것을 항상 배우려는 자세를 가지고 있어 아이들에게 더 풍부한 진로 정보를 제공한다. 옛말에 '三人行必有我師(삼인행필유아사)'라는 말이 있다. '세 사람이 함께 길을 걸어가면 그중 반드시 내 스승이 있다'는 말이다. 정보 마인드를 가진 부모들은 이 말을 스스로 실천하고 있는 것이다. 아이들이 구체적으로 꿈을 꿀 수 있도록 잘 알려져 있지 않은 벤처 캐피탈리스트, 애널리스트 등 예전에는 없었던 새로 생긴 다양한 직업들을 알려 주는 것은 결국 아이의 인생에 큰 영향을 미친다.

3. 과거는 잊어라

아이들은 미래에 꿈을 펼치며 살아갈 존재이다. 그러므로 아이에게는 미래 지향적인 정보를 주어야 한다. 초등학생은 15년 뒤, 중학생은 10년 뒤, 고등학생은 5년 뒤에 사회에 나간다는 것을 늘 강조해야 한다. 자녀를 성공시키는 부모들은 입버릇처럼 '네가 사회에 나갈 때는'이라고 말하지만 그렇지 않은 부모들은 '네가 대학갈 때는'을 기준으로 삼는다. 20년 전 만해도 한의사, 변호사 등은 의심할 여지없이 좋은 직업이었다. 적성과 상관없더라도 일단 되기만 하면 경제적인 여유를 보장해 주었다. 그러나 지금은 전문직에도 경쟁의 논리가 적용되어 상황이 달라졌다. 그러므로 사회 변화를 고려하지 않는 진로 지도는 '20년 전의 이야기'로 '10년 뒤 자녀의 삶'을 준비하는 것이나 다름없다.

아이가 사회에 나갈 때를 말하는 부모는 아이의 미래에 대해 고민한다. 신문을 봐도 아이가 살 세상에 대해 생각하고, 아이에게 꿈을 펼칠 시기에 대한 이야기를 많이 해 준다.

한편 부모 이외에 학교 선생님들도 아이에게 꿈에 대해 이야기해 줄 수 있다.

자본주의 사회 속에서 비교적 경제적 차이에 상관없이 어울려 있는 공간은 바로 학교이다. 강남의 타워팰리스에 사는 아이와 천막촌 아이가 같은 학교를 다닐 수도 있다. 학원만 하더라도 돈을 내야 하기 때문에 서로 다른 계층이 섞이기 어렵다. 그러므로 공교육의 선생님들은 사명을 가지고 미래 지향적인 진로교육을 해야 한다. 학교라는 소중한 공간에서 선생님은 아이들에게 최신 진로 정보를 주고 아이들의 진로와 미래에 대한 이야기를 많이 해 줘야 한다.

CHAPTER 3

진로교육, 빠르게 변하는 사회를 알아야 한다

미래 사회는 어떻게 변하는가?

진로교육은 사회 변화와 밀접한 관계를 맺고 있다. 그러므로 사회가 어떻게 변하고 움직이는지 바로 아는 것이 매우 중요하다. 오늘날 우리 사회의 변화를 살펴보고 미래 사회의 변화에 대해서도 예측해 보자.

1. 글로벌 시대, 무역 활동이 활발하다

대한민국 미래 사회의 가장 중요한 핵심 키워드는 글로벌화이다. 부모 세대가 경험하지 못한 글로벌화는 왜 중요한 것일까?

무역 의존도는 그 나라의 경제 상황을 잘 파악할 수 있는 여러 지표 중 하나로, 현재 우리나라의 경제 구조를 가장 잘 설명할 수 있는 지표이다. 우리나라의 무역 의존도는 80~90% 정도이다. 무역 의존도가 80%라는 것은 우리나라가 100만원을 벌었을 때 그중 80만원은 수출입을 통해 벌어들인 수익이라는 뜻이다. 많은 사람들이 우리나라에서는 수출입, 즉 무역이 중요하다는 이야기를 수없이 들어 왔지만, 생활 속에서 체감하지 못한다. "우리 회사는 무역을 안 하는데요."라고 말하는 사람도 있을 것이다. 그러나 우리나라의 전체 수익 구조를 보았을 때 내수 시장보다는 수출입을 통해 더 많은 돈을 벌어들이고 있다. 내 주변만 보고 무역은 아무 상관이 없다고 여길지 모르지만 나를 둘러싼 더 큰 범위, 즉 나라 경제에는 해외 시장이 매우 중요한 것이다.

사실 부모 세대는 내수 경기의 시대를 살았다. 부모 세대에 삼성전자는 가전업계 2위 업체였다. 당시 1위는 골드스타(금성)였다. 후발 주자인 삼성이 국내에서 1등을 하기 위해서는 용산 전자 상가에서 물건을 많이 들여놓고 팔아야 한다. 그러려면 좋은 상가 자리를 알아봐서 대리점을 세운 뒤 다른 회사 제품을 밀어내고 전자 제품을 많이 파는 것이 가장 중요했다. 그러므로 그 시대에 회사가 요구하는 능력 있는 인재란 국내에서 1등 기업으로 만들어 줄 사람이었다. 소위 명문 대학을 나온 학생들이 최고의 인재가 되던 시대였다.

하지만 이제 세상이 바뀌었다. 요즘 대기업들은 국내에 대리점을 내는 것에는 더 이상 큰 관심이 없다. 포화된 국내 시장보다는 세계를 상대로 장사를 해야 하기 때문이다.

그렇다면 이렇게 무역 의존도가 높아진 시대에 요구되는 인재는 어떤 인재인가?

무역 의존도가 높은 경제 현실에서는 국내에서 물건을 팔 사람보다는 해외에 물건을 팔 수 있는 인재를 원한다. 지방의 대리점에서 일할 수 있는 인재가 아닌 카자흐스탄, 우크라이나, 체코, 이탈리아, 브라질, 인도 등 세계에서 활약할 수 있는 글로벌한 인재를 원한다. 그러기 위해서는 외국어를 잘하고 도전 정신이 있는 사람이 필요하다.

해외 시장의 중요성을 보여 주는 한 예로 싱가포르에는 택시 중 절반 이상이 한국산 자동차라고 한다. 부모들은 신문이나 뉴스를 통해 이런 기사를 접하지만, 내 아이의 진로와는 연결시키지 못한다. 내 아이의 진로에 대해 이야기할 때 '백만 불 수출 탑을 달성'하던 시절을 기준으로 이야기하기 때문에 좋은 대학을 가야 한다는 한 가지 생각만 아이에게 강요한다. 과거 내수 경제 시대 때의 인재상을 그대로 강요하고 있는 것이다.

반면 사회가 발전해 나가는 것을 절실히 느끼고 있는 부모님들은 무조건 일류 대학만을 강요하지 않는다. 그런 부모일수록 아이들에게 앞으로의 사회에 관한 이야기를 많이 해 준다.

"네가 사회에 나가서 활약할 때는 좋은 대학에 가는 것도 중요하지만 일단은 전 세계 사람들과 자유롭게 소통할 수 있는 게 더 중요해. 한국이 아닌 다른 나라에서 일하게 될 수도 있으니까."

이처럼 글로벌화를 일찍 깨달은 부모는 어릴 때부터 아이들에게 의사소통을 위해 영어를 강조한다. 또한 타인에 대한 배려, 독립심, 봉사 활동 등 세계 시민 교육을 강조한다. 부모 스스로 글로벌화를 인식하고 있는 집은 이토록 다르다.

가정뿐 아니다. 세상이 워낙 빠르게 바뀌다 보니 학교 교육도 속도를 따라잡지 못해 여전히 내수 중심의 교육을 펼치고 있다. 학교도 아이들이 세계로 뻗어나갈 수 있다는 것을 전제로 교육해야 한다. 글로벌화는 잘만 이용하면 진로의 다양성을 꾀할 수 있는 절호의 기회가 될 수도 있다. 영어를 세계 곳곳에서 활약할 수 있도록 해 주는 도구로 인식하는 것이 중요하다. 게임 중독으로 문제아로 인식된 아이도 도전 정신을 갖추고 영어 실력이 있다면 전 세계를 누비는 컴퓨터 전문가가 될 수 있다.

이처럼 세상이 돌아가는 현실을 정확히 알고 있어야 '우리 아이는 나보다 잘살 수 있겠다.'라는 현실적인 대책이 나오게 된다. 세상의 변화에 진실에 대해 어렵다고 느끼고, 듣기 싫다고 외면해서는 곤란하다. 원하는 것만 듣는다면 진실로부터 점점 멀어질 수밖에 없다. 아이들이 부모보다는 조금 더 행복하게 살길 원한다면 열린 마음으로 세상의 변화에 귀를 기울여야 한다.

2. 산업의 변화로 일자리가 줄었다

산업 기술이 발달하면서 사람이 하는 것보다 기계가 하는 게 훨씬 더 좋은 성과를 내는 일들이 많아졌다. 그러다 보니 기계보다 생산성이 낮은 사람들은 할 일이 없어져 버렸다. 이러한 사회 변화는 진로 문제에도 큰 영향을 미친다.

실업계 고등학교, 지금의 특성화 고등학교의 대학 진학률이 높아진 것도 산업 기술의 발달에 따른 현상이다. 부모 세대 때 특성화 고등학교의 대학 진학률은 10% 미만이었다. 특성화 고등학교만 나와도 취업 걱정이 없었기 때문에 대학 진학의 필요성을 느끼지 못했다.

그러나 요즘 특성화 고등학교 학생들의 대학 진학률은 70%를 넘었다. 특성화 고등학교를 나와도 취업이 안 되거나, 대우가 좋지 않기 때문에 대학 진학을 선택하는 것이다.

1990년도 초중반에 불어 닥친 산업 자동화는 특성화 고등학교 학생들이 이런 생각을 갖게 된 결정적인 계기가 되었다. 당시 우리나라에는 ERP(전사적 자원 관리) 자동화 시스템이 도입되었다. 자동화 시스템이란 한마디로 회사 내의 모든 활동들을 전산화하는 것이다. 그래서 대형 할인 마트에서는 매장 안에서 사람의 손이 필요했던 시스템이 자동적으로 돌아가게 되었다. 바코드를 찍는 순간, 재고 여부, 제품 관리, 자동 발주 시스템 등이 자동으로 기록된다. 옛날에는 사람이 다 일일이 계산하고 주문하고 발주했던 일을 기계가 대신하고 있다.

20년 전만 해도 상업 고등학교 출신이 회사에 반드시 필요했다. 상업 고등학교 졸업자들은 부기, 타자, 회계, 주산 같은 것을 배우기 때문에 4년제 상과대를 나온 학생들과 겨루어도 전문직으로 대우받을 수 있었다. 회사의 재무 담당이라는 중요한 일을 도맡았을 뿐 아니라 열심히 하면 승진도 할 수 있었다. 지금도 은행의 임원 중에는 상업 고등학교 출신들이 많이 있다.

하지만 ERP 자동화 시스템이 도입된 이후, 재무 부분이 빠르게 전산화되면서 상업 고등학교 졸업생들이 담당하던 전문 분야가 없어지고 허드렛

일만 하게 되는 현상이 생겼다. 그러니 상업 고등학교를 나와서 취업하던 똑똑한 학생들이 대학을 가는 현상이 1990년대 초중반부터 나타나기 시작한 것이다.

또한 사람이 하던 일을 기계가 대체하는 일들이 많이 생겼다. 요금징수원 대신에 하이패스가 도입된 것이나 예전에는 교환원이 하던 일이 ARS 서비스를 통해 자동화된 것도 같은 맥락이다. 단적인 예이지만 이처럼 산업 기술의 변화로 과거 사람들이 담당했던 일자리는 점점 줄어들고 있다.

이처럼 직업 세계가 달라진 만큼 특성화 고등학교도 달라져야 한다. 대학 진학을 하지 않더라도 아이들이 특성화 고등학교에서 배운 내용으로 직업 활동을 할 수 있을 만큼 경쟁력 있는 스페셜리스트로 키워야 한다. 특성화 고등학교의 커리큘럼이 바뀌지 않으면 아무리 열심히 배운다고 해도 자동화 솔루션 이하의 능력을 갖게 되어서 결국 아르바이트 인생을 살게 될 확률이 높다. 따라서 전기, 기계, 서비스, 관광 등 특성화된 분야의 산업이나 기술의 변화, 사회적 요구를 반영해 학생들을 교육시켜야 한다. 나아가, 특성화 고등학교 졸업생이 성공하려면 취업 이후에도 전문가로 성장할 수 있는 후속 과정이 이어져야 한다.

최근 은행에서는 상업 고등학교 학생들을 다시 뽑기 시작했다. 상업 고등학교 졸업생들이 일자리를 얻게 되었다고 반길지도 모르겠지만 그 이면을 보면 대부분이 무기 계약직으로 채용되었다. 물론 모든 기업이 무기 계약직으로만 채용하는 것은 아니다. 그러나 무기 계약직은 승진 등 직장 생활에서 제약이 따라 대학 졸업자들과 차이가 벌어진다.

그러므로 특성화 고등학교를 졸업했다면 자신의 분야에서 전문성을 가질 수 있는 교육을 받고 사회에 나와야 한다. 그래서 기술을 살려 직업 활동을 할 수 있도록 전문성을 가질 수 있게 투자해야 한다.

그리고 고졸생과 대졸생 사이에 벌어진 수입 격차가 최소화되어야 한다. 기능 올림픽에서 금메달을 딴 이후 30대가 되어서도 월급이 100만원이라면 누가 특성화 고등학교에 가서 기술을 배우겠는가? 그러므로 특성화 고등학교에서 쌓은 자신의 실력으로 돈을 벌고, 더 나아가 30, 40대에 또래와 비교했을 때도 소득에 큰 차이가 나지 않아야 한다. 그래야만 목적 없이 대학을 진학하는 대신 자신이 좋아하는 일을 하기 위해 특성화 고등학교를 선택할 것이다.

이 이야기가 이루어질 수 없는 허황된 것이라고 생각할지도 모르나 이런 꿈같은 이야기가 현실에서 적용되고 있는 나라들도 있다. 북유럽 국가들은 직업보다 사람을 귀하게 여긴다. 대학 교수의 한 시간과 배관공의 한 시간을 똑같이 귀하게 여긴다.

물론 우리나라의 특성화 고등학교가 선진국 수준이 되려면 사회적인 인식의 변화와 많은 문제점을 개선해야 할 것이다. 하지만 잘 찾으면 흙 속의 진주 같은 특성화 고등학교를 발견할 수 있다. 고졸생 취업을 위한 정책들이 확충되고 특성화 고등학교들도 나름의 노력을 하고 있기 때문이다. 미래 사회를 내다보는 관점에서 보았을 때 아이가 좋아하는 일을 일찍 발견했다면 그 분야의 실력을 쌓기 위해 특성화 고등학교를 선택하는 것도 고려해볼 만하다.

3. 자율과 경쟁 시대, 안정된 직업은 없다

우리 사회에서 안정적인 직업은 점점 사라지고 있다. 일반적으로 안정적이라고 여기는 전문직도 더 이상 안정적이라고 볼 수 없게 되었다. 이러한 현상은 앞으로 아이들이 진로를 선택하는 데도 큰 변화를 가져올 것이다. 부모들이 좋아하는 의사, 변호사, 한의사 등이 더 이상 장밋빛 인생을 보장해 주지 않는다는 것을 의미하기 때문이다.

사실 우리나라는 그동안 국가가 노동 시장에 강제로 개입해서 일부 직업에서 직업의 안정성을 가지고 돈을 많이 벌 수 있게 해 주었다.

고소득 전문직인 변호사를 예로 들면 1년에 1,000명 정도의 변호사가 필요한데, 법에 의해 200명을 뽑으면 아무리 능력 없는 변호사도 수요가 있기 때문에 한 번 딴 자격증으로 평생 먹고살 수 있었다. 안정적인 직업인 교사나 공무원은 어떠한가? 마찬가지로 국가가 필요한 만큼 노동 시장에 공급해서 안정성을 확보해 주고 있다. 100명이 필요하면 100명을 뽑는다. 이러한 자격증 제도는 개발 도상국형 후진적 자격증 시스템이다. 하지만 오늘날 이러한 자격증 제도가 선진국형 자격증 시스템으로 바뀌고 있다.

자격증은 행위를 하는 최소한의 기준이 될 뿐이다. 선진국형 자격증 시스템은 기준을 통과한 사람들이 서로 경쟁해서 국민에게 나은 서비스를 제공하게 만든 것으로 소비자 중심의 자격증 제도이다.

변호사가 1,000명 필요하면 자격증은 2,000장 발급해서 1,000명의 시장을 놓고 경쟁하게 만든다. 경쟁을 통해서 더 친절하고 나은 서비스를 사람들이 선택하게 하는 것이다.

오늘날 우리나라 자격증 제도의 변화로 변호사를 예로 들 수 있다. 한국 변호사협회 발표 자료에 따르면, 2001년 개업 변호사 수는 5,000여 명이며, 10년 뒤인 2011년에는 2배인 10,000명 이상으로 개업 변호사 수가 늘어났다. 그리고 2020년이 되면, 다시 또 2배가 늘어날 전망이다. 그만큼 많은 변호사를 선발하여, 경쟁을 통해 양질의 서비스를 제공하는 형태로 바뀌고 있는 중이다.

이런 상황에서 취업을 하려면 결국 변호사가 적성에 맞는 사람이 유리하다. 남을 도와주는 데 보람을 느끼고 논리적으로 자료를 수집하는 것을 좋아하고, 사회성이 좋아야만 변호사로서 성공할 것이다. 예전처럼 공부만 잘해 고시를 통과한 수재가 변호사로 성공하기는 힘들 것이다.

안정성 있는 전형적인 직업으로 여겨졌던 한의사업계도 폐업률이 늘고 있다. 다른 의료 체계의 발달과 한약을 대체하는 건강식품으로 인해 보약 수요가 급감한 것이 큰 원인이다. 게다가 국가에서 수요 예측을 잘못해서 지난 10년간 한의사를 너무 많이 배출한 탓도 있다. 현실이 이러함에도 불구하고 실정을 모르는 부모들은 여전히 '한의사가 되면 평생 먹고살 수 있다'는 이야기를 하고 있다.

의료 시장은 어떨까? 의료 시장은 파이가 커지는 시장이지만, 개인 병원은 앞으로도 점점 힘들어질 것이다. 동네마다 개인 병원이 많이 생기고 있는 데다 현대 의료계는 자본의 싸움이자 장비 싸움이기 때문에 동네 개인 병원은 경쟁력이 많이 떨어지고 있다. 대형 마트가 늘어나면서 동네

구멍가게가 망하는 것과 같은 이치이다. 옛날에는 큰 병원이나 작은 병원이나 엑스레이로 진료를 보던 시절이었다. 기계의 힘보다는 의사의 시술과 판독이 중요했기 때문에 작은 병원에도 명의가 존재했다. 그런데 요즘은 얼마나 좋은 해상도를 가진 MRI가 있느냐가 더 중요한 세상이 되었다. 그러므로 비싼 장비를 갖추기 어려운 개인 병원은 큰 병원을 상대로 싸울 수가 없다. 게다가 심각한 병의 경우에는 초기 대응이 중요하므로 일단은 큰 병원으로 가게 된다. 이렇듯 의료 시장이 재편되면서 의사라는 직업도 자율과 경쟁에서 자유로울 수 없어졌다. 결국 의사라는 직업도 얼마나 적성에 잘 맞느냐가 중요해진 것이다.

상담을 하다 보면 부모들이 흔히 하는 질문이 있다.

"우리 아이가 외동이라 사회성이 부족한데, 다행히 공부를 잘해요. 그러니 안정적인 의사를 하면 어떨까요?"

이런 이야기는 부모 세대 때는 가능했다. 그 시대에는 아무리 간밤에 아파서 데굴데굴 굴러도 아침에 병원 문 열 때까지 기다렸다가 진찰을 받고는 '고맙습니다.' 하고 나왔다. 그러니 그 시대는 공부 잘해서 의사 자격증만 따 놓으면 잘살 수 있었다.

하지만 미래 사회에서는 더 이상 이런 이야기가 통하지 않는다. 요즘 직장인들은 병원에 갈 때도 네이버나 다음에 들어가 검색부터 한다. 만약 삼성동 내과라고 입력하면 병원 리스트, 위치, 전화번호뿐 아니라 별점까지 나온다. 사람들이 단 댓글만 봐도 이 병원이 얼마나 친절한지, 진료를 잘하는지, 간호사 교육이 잘 돼 있는지 훤히 알 수 있을 정도이다.

사회성이 부족한 아이가 의대를 졸업해서 개업을 한다면, 지금처럼 경쟁이 치열한 상황에서는 성공하기가 쉽지 않다. 늘 새로운 환자를 맞아야 하는 일을 한다면 아이 입장에서는 따분하고 힘들게 느낄 것이고, 손님 입장에서는 서비스가 좋지 못하다고 느껴서 다시는 그 병원을 찾지 않게 될 것이다.

이렇듯, 이제는 전문직조차도 전혀 안정성을 확보하지 못하는 세상이 왔다. 그야말로 모든 분야가 자유롭게 경쟁하는 시대가 온 것이다. 그렇다면 이런 상황에서 살아남는 길은 단 하나이다. 좋아하는 일을 즐기면서 하는 것뿐이다.

《논어》 옹야편에 나오는 유명한 말이 있다.

知之者는 不如好知者요, 好知者는 不如樂知者라.
: 많이 아는 사람보다 좋아하는 사람이 더 낫고, 좋아하는 사람보다 즐기는 사람이 더 낫다.

자기 일을 즐기기 위해서는 자기 적성에 맞아야 한다. 적성에 맞는 일이란 좋아하는 일, 잘하는 일을 둘 다 만족시키는 일을 뜻한다. 어떤 분야든 적성에 맞는 일을 찾아서 사회에 나간다면 안정성이 확보된다. 자기 일을 즐기면서 하는 사람은 누구도 이길 수 없기 때문이다. 그러므로 오늘날과 같은 자율과 경쟁의 시대에서는 진로교육이 중요할 수밖에 없다.

4. 자녀의 고학력으로 부모의 노후 자금이 줄어든다

미래 사회의 가장 큰 특징은 고학력 현상이다. 우리나라는 대학 진학률이 70~80%에 이르는데 이 수치는 선진국의 평균 대학 진학률인 50%에 비해 매우 높은 편이다.

"대학 진학률이 높아지면 사람들이 똑똑해진다는 것이니 취업도 잘 되지 않나요?"

이렇게 묻는 사람도 있을 것이다. 하지만 절대 그렇지 않다.

우선 우리나라는 높은 대학 진학률에도 불구하고 대학의 교육 수준, 경쟁력은 OECD 국가 중 하위권에 맴돌고 있다. 그저 '학력 인플레'가 심한 것일 뿐이다. 그렇기 때문에 학력이 높아지더라고 그 가치를 인정받지 못하는 데다가 과거에 비해 취업은 더 어려워졌다.

개인적으로 보면 대학 진학률이 높다는 것은 개개인이 그만큼 오랫동안 교육비를 부담해야 한다는 말이기도 하다.

부모 세대에 대졸은 분명 고학력이었지만 현재 대졸은 평균 학력이다.

부모는 아이에게 "대학갈 때까지는 최대한 뒷바라지할 거다. 그때까지는 하고 싶은 거 있어도 참고 공부나 열심히 해라." 라고 말한다. 부모는 자녀가 대학만 가면 정말로 교육이 끝날 줄 알고, 경제력이 허락하는 한 아이들에게 교육비를 쏟아붓는다. 부모의 이런 현실 인식의 차이가 결국 문제를 일으킨다.

자녀가 대학에 들어가는 순간, 어릴 때보다 더 많은 교육 자금이 필요하다는 걸 인식하게 된다. 고학력화된 세상은 비싼 등록금뿐 아니라 취업

준비를 위해서도 목돈을 필요로 하기 때문이다. 게다가 안타깝게도 아이가 초중고일 때는 부모가 그나마 현금 흐름이 좋을 때였다. 그러나 자녀가 대학교에 가면 교육비는 증가하고 가장은 경제적·사회적 하강기를 맞이한다. 결국 자녀의 취업은 취업대로 어렵고, 중산층의 노후는 노후대로 위태로운 상황에 놓이게 된다.

실제 계산해 보면 대한민국 중산층 가장의 나이 65세가 되면 유동 자산이 바닥나고 집 한 채 달랑 남는 것이 현실이다. 많은 부모들이 아이들 교육비 대느라 개인연금 하나 못 들고 간신히 집 하나 마련하는 것으로 살아왔기 때문이다. 게다가 과열된 집값이 떨어지면 부모의 노후 생활은 더욱 힘들어지게 된다.

그러다 75세가 되면 중산층의 재산은 0이 되고, 남자들보다 평균 연령이 10살이나 높은 여자들은 노후를 걱정하는 시점에 이르른다. 고령에도 생존을 위해서 일해야 하는 쓸쓸한 이야기가 펼쳐진다. 게다가 자녀들이 한창 활약할 30대 초중반에 부모의 노후를 책임져야 하는 상황에 놓이게 될지도 모른다. 아이의 미래를 진정 고민한다면, 부모 자신이 스스로의 노후를 책임져야 하지만 지금의 교육비 지출 패턴에서는 방법이 없다. 이러한 이야기는 과장된 시나리오가 아니다. 지금 아이들에게 쓰는 교육비는 부모가 노후에 쓸 돈을 당겨쓰고 있는 것이다.

그렇다면 고학력 시대에 우리 아이들을 어떻게 교육시켜야 부모와 아이 모두 행복할 수 있을까?

교육비를 쓸 때는 아이에게 이 교육이 진정 도움이 되는지 심각하게 고려해 봐야 한다. 남들 쓰니까 불안해서 습관적으로 쓰는 것은 아닌지 점검해 봐야 한다. 효과가 검증되지 않은 채 쓰는 것이라면, 교육비 지출을 과감히 줄여야 한다. 교육비는 목표를 뚜렷하게 정한 후에 지출한다는 마음가짐이 필요하다.

일단 고등학교까지는 아이를 관찰하는 시기로 잡자. 아이를 관찰한 결과, 아이가 좋아하는 것을 발견했다면 그동안 관찰하고 부모가 설계한 것을 바탕으로 고등 교육 때 최대한 밀어주는 것이 아이에게도 도움이 될 것이다.

5. 학생 수는 감소하지만 취업은 어렵다

또 다른 사회 변화는 학생 수 감소이다. 최근 교실 풍경을 보면 과거 60명씩 꽉 들어차 수업을 받던 것과 달리 한 반이 30명 남짓이고, 20명이 채 안 되는 경우도 있다고 한다. 이런 현상은 어떤 결과를 가져올까? 부모는 성적표를 받고 아이의 성적이 꽤 좋다고 생각할 것이다. 반에서 10등을 했다면 제법 공부를 잘한다고 여기게 되는 것이다.

그러나 부모 세대의 10등과 오늘날의 10등은 큰 차이가 있다. 한 반에 정원이 60명일 때의 10등은 약 16% 정도에 해당하지만 30~40명일 때는 약 25~33%에 해당한다. 게다가 학생 수는 꾸준히 감소하고 있다. 앞으로 10년 동안 20% 이상 줄어들 것으로 예상하지만 대학은 학생 수 감소 비율만큼 빨리 줄어들지 못하기 때문에 아이들이 대학을 잘 가는 것처럼 보이는 것이다.

그리고 '인구가 줄어드니 우리 아이가 취업을 잘 하겠구나!' 하고 생각할지도 모른다. 하지만 그런 생각은 착각이다. 결론부터 말하면 인구가 줄어도 여전히 취업은 어려울 전망이다.

사회는 시시각각으로 경쟁을 하고 있고, 기업 간의 경쟁과 국가 간의 경쟁도 치열하다. 경쟁 사회 속에서 기업은 실력이 없는 사람을 고용하지 않는다. 기준을 낮추지 않는다는 것이다. 사느냐 죽느냐 하는 살벌한 경쟁 속에서 기업들은 국내에 원하는 인재가 없다면 훌륭한 인재를 찾아 해외로 눈을 돌릴 것이다. 이것이 바로 글로벌 소싱이다. 해외에서 무역을 많이 하는 우리나라의 기업에는 글로벌 소싱이 많은 이익을 가져다준다.

현재 한국에 유학 온 학생만 해도 8만 명에 이른다. 기업은 이윤을 내는 것을 최고의 가치로 여기는 곳이기 때문에 실력있는 인재를 채용할 것이다. 이는 기업의 생존 문제와 직접적으로 연결된다. 직원이 1만 명인 기업은 1만 개의 가정을 먹여 살려야 한다. 그래서 기업의 입장에서는 냉정한 선택을 할 수밖에 없다.

결국 미래 사회에 인구가 줄어든다고 취업에 낙관적일 수는 없다. 기업이나 사회가 요구하는 기준에 맞지 않으면 취업은 더욱 어려워지므로 진로교육은 더욱 필요하다.

6. 복합적인 인재를 원한다

예나 지금이나 사회는 실력 있는 인재를 원한다. 실력 있는 인재란 또래에 비해 경쟁력을 지닌 인재를 말한다. 옛날에는 학벌이 좋은 아이들, 즉 공부를 잘하는 아이들을 실력이 있다고 여겼다. 하지만 요즘은 공부를 포함해 사회가 원하는 특정 분야에서 실력이 있으면 된다.

이어령 박사는 자신의 저서 《젊음의 탄생》에서 '넘버 원'이 아닌 '온리 원'을 추구하는 삶을 살아야 한다고 말했다. 좁은 골목에서 여러 명이 한 방향으로 달린다면, 결국 선두에 선 사람만이 승자가 되지만, 열린 공간에서 모두가 원하는 방향으로 달린다면, 모두가 1등이 될 수 있다. 이 말은 자녀의 진로를 지도를 할 때도 적용할 수 있다.

공부라는 한 방향만을 아이에게 강요하면서 "왜 1등을 못하니?"라고 다그치는 것은 자녀를 위하는 것이 아니다. 내 아이가 잘 달려 나갈 수 있는 방향을 찾아 주는 것이 중요하다. 공부가 아니더라도 아이가 잘하는 분야에서 뛰어난 능력을 갖춘다면, 그것이 바로 '실력'이 된다.

부모나 학교, 사회도 인식을 바꿔야 한다. 어느 고등학교에서 서울대에 몇 명이나 입학했는지 하는 기사가 나는 것도 사라져야 한다.

공부만 잘하면 실력 있는 인재라고 여기던 시절은 지났다. 분야와 상관없이 경쟁력을 갖춘 인재, 그것이 바로 실력 있는 인재이다. 아이가 책상 정리를 잘한다면 그것도 실력이 될 수 있다. 책상 위에 물건을 잘 배치하는 아이라면 디자인 감각이 있을 수 있고, 정리 정돈을 잘한다는 것은 꼼꼼한 성격이기 때문에 그런 쪽을 살리면 맞는 분야를 찾을 수 있을 것이다. 아이의 사소한 행동도 눈여겨보면 아이의 성향을 파악하는 데 도움이 되며, 우리 아이가 달려 나가야 할 방향을 찾는 데 도움이 된다.

서울의 내로라하는 자율형 사립 고등학교 학생들의 진로 상담을 할 때의 일이다. 그곳에 다니는 아이들도 성적표를 꺼내 놓고 진로 상담을 하면 기가 죽어 제대로 말을 하지 못한다. 중학교 시절, 공부 좀 하는 아이들로 손꼽히던 아이들을 데려다 놓고 또 공부로 줄을 세우니, 아무리 자율형 사립 고등학교라고 해도 꼴등이 있기 마련이다.

그런 아이들 앞에서 성적표를 덮고, 질문을 던졌다.

"혹시, 네가 다른 아이들에게 지고 싶지 않은 게 있니? 이것만은 다른 애들보다 네가 잘한다, 뭐 그런 거 말이야."

이 질문을 받으면 아이들은 그때부터 말이 많아진다. '나는 축구는 이미 학급 대표를 넘어서 학년 대표다.', '학교 행사 때 사회는 내가 제일 잘 본다.', '만화는 내가 우리 반에서 제일 잘 그린다.' 라며 아이들은 눈을 반짝이며 자신의 이야기를 쏟아 낸다.

진로 상담을 할 때 아이들이 자신이 잘하는 것을 이야기하기 시작하면 일단 반은 성공한 것이나 다름없다. 자기가 잘하는 것을 다른 사람에게 이야기를 하면서 자신의 실력을 발견하게 되기 때문이다. 하지만 그렇게 반짝이던 아이들도 부모와는 그런 이야기를 나누지 못한다. 많은 부모들이 공부 이외의 이야기는 쓸데없다고 여기기 때문이다.

아이들이 하고 싶어 하는 것은 진짜 실력으로 이어질 확률이 높다. 일단 늘 공부에 짓눌려 있는 중·고등학생들이 뭔가 하고 싶은 게 있다는 것

자체가 축복이기도 하다. 또래 아이들보다 조금 더 잘하는 분야가 사회 속에서 어떻게 쓰일 수 있는지를 알면 자신이 잘할 수 있는 직업에 도달할 수 있게 된다. 그러므로 자신이 무엇을 하고 싶은지, 그걸 살려서 어디로 진학할 것인지, 직업으로 삼기 위해서는 어떤 노력과 공부를 해야 하는지 고민하고 찾는 과정이 매우 중요하다.

실력은 공부에만 해당되는 것은 아니라는 사실을 명심해야 한다. 공부는 성실성을 키우는 수단으로 생각하고, 열린 시각으로 아이들을 관찰해야 한다. 공부를 열심히 했는데 다른 아이들보다 결과가 안 좋다면, 이 아이는 공부 이외의 다른 재주가 있을 수 있다는 생각을 해 보아야 한다.

'공부는 투여 시간 대비 결과가 별로 안 좋지만 대신 사회성이 좋고 손재주가 있으니 건축 디자인을 해 보면 어떨까?'

이런 식으로 생각을 열고 아이와 이야기를 나눠야 한다. 아이를 부모 마음대로 한 가지 직업에 맞춰서 바라보지 말라는 이야기이다. 끊임없이 모든 가능성을 열어 놓고 아이를 관찰하다 보면 실력의 싹이 어느 순간 보일 것이다.

또한 사회는 성실한 아이들을 원한다. 보통 '성실하다'는 것을 고리타분하게 여길지도 모른다. 요즘 같은 최첨단 시대에 '성실'이 중요하다고 말하면 대부분의 부모들은 의아해한다. 오히려 부모 세대에는 성실하지 않아도 성공할 수 있었다. 성격이 모난 사람이라도 공부만 잘하면 고시를 통해서 높은 위치에 오를 수 있었기 때문에 사회적으로 성공하는 데 아무 문제가 없었다.

하지만 현대 사회는 굉장히 복잡해져서, 개인이 혼자서 성과를 내기 힘든 사회가 되었다. 대부분의 일이 팀플레이로 이루어진다. 얼마 전 노벨상을 받는 사람들의 연령이 점점 높아지고 있다는 뉴스가 나왔다. 아인슈타인은 서른 전에 천재 과학자가 된다고 말했지만, 현대의 노벨상은 나이가 지긋한 연구자들에게 돌아가고 있다. 이 말은 곧 현대 과학은 배울 게 많아졌다는 것이다. 아인슈타인이 살던 시대에는 막 현대 물리학이 생길 때여서, 새로운 아이디어를 개척하는 시기였다. 하지만 지금은 기본적으로 그동안 물리학이 쌓아 놓은 것을 연구하고 배워야 하기 때문에 시간이 오래 걸린다. 자신의 새로운 세계를 확립하기 전에 해야 할 공부가 많아졌기 때문에 성공하는 연령은 그만큼 늦어지고 있다. 뿐만 아니라 연구의 세계가 방대해져 개인이 성과를 내는 것보다는 팀 단위로 성과를 내는 사회가 되었다. 그만큼 고도화, 복잡화, 다원화된 사회로 나아가고 있는 것이다.

그러므로 현대 사회의 인재는 팀원으로서 협력해서 일할 수 있는 성실한 아이들을 원한다. 성실성이 아주 중요한 인재상의 하나가 된 것이다. 사회 현장에서도 똑똑한 아이는 많은데 성실한 아이가 별로 없다고 푸념한다. 어렵게 뽑은 인재가 1년 만에 회사를 그만두는 일이 비일비재하다. 또한 인내심을 갖고 사회생활을 해내지 못하고 대학원이나 유학에 눈을 돌린다.

사회는 팀원으로서 성실하게 팀플레이를 할 수 있는 아이들을 원한다. 그런데 성실성은 눈에 잘 보이지 않기 때문에 다양한 관문을 거치게 한다. 어느 대학을 나왔고, 토익은 몇 점이라는 서류의 텍스트만 보는 것이 아니라 직접 얼굴을 보고, 대화를 나누어 보는 면접 중심으로 직원을 채용하고 있다. 또 기업은 면접을 통해 채용한 사람에 대해서도 얼마나 일에 열정적인지를 판단하기 위해 인턴제를 이용해 일정 기간 동안 일을 시켜 보고 최종적으로 정식 직원으로 채용한다.

이러한 면접이나 인턴제를 통한 직원 채용은 기업에 금전적인 부담을 준다. 하지만 막상 채용을 했는데 1년 만에 회사를 그만둬 버리니 기업은 성실함이 검증된 인재를 뽑기 원하고 그러한 요구를 학교가 안게 되는 것이다. 대학은 성실성을 중요시하는 입시 전형으로 바뀌고 있다. 그것이 바로 수시 중심의 전형, 열정을 요구하는 입학사정관제가 늘어나는 이유이다.

또한 미래 사회는 글로벌 믹스 인재를 원한다. 앞서 설명했듯이 무역 의존도가 높아져 해외 시장이 중요해지는 사회로 변화함에 따라 글로벌 믹스를 갖춘 인재가 필요한 것이다.

글로벌 믹스 인재는 외국어를 잘하고 도전 정신이 있는 인재를 말한다. 이런 인재가 되려면 어릴 때부터 다양한 체험 학습과 외국어 교육, 거기에 목표를 설정할 수 있는 진로교육이 필요하다.

이와 같이 인재상이 바뀜에 따라 예전의 사고방식으로는 이해되지 않는 현상이 생겨났다. 대기업에서 학벌이 높은 학생을 떨어뜨리고 학벌이 낮은 학생을 채용하는 것이다. 학벌을 보지 않는 것이 아니라, 학벌 이외의 다양한 변수들도 학벌만큼 중요하게 보는 것이다.

구체적인 예를 들어보자.

어느 기업에서 컴퓨터 공학을 전공한 신입사원을 뽑고자 한다. 많은 지원자 가운데 A 학생과 B 학생이 인턴으로 채용되었다.

　A 학생은 명문대 컴퓨터 공학과 출신이다. A 학생은 성적은 좋았지만, 진로에 대해 열심히 고민하지는 않았다. IT 분야가 유망하다고 해서, 컴퓨터 공학과에 진학했다. 학점은 4.3만점에 3.5학점으로 다른 학생보다 경쟁력이 있다. 서류 전형을 통과해 그러한 실력을 인정받았다. 그래서 인턴으로 채용했더니 스스로 명문대생임을 자랑하고 다니고 시키는 일을 제대로 해내지 못하며 배우려는 자세도 부족했다. 또한 영어 실력도 떨어지고 지방 근무나 힘든 일은 하지 않으려고 한다.

　B 학생은 중위권 대학의 컴퓨터 공학과를 4.3만점에 3.5학점으로 졸업했다. IT 자격증이 있고 면접을 해 보니 대학 시절에 교환 학생으로 캐나다에서 공부하고 왔으며, 타임지 시사 동아리 활동도 해서 영어도 잘한다. 또한 카자흐스탄, 네덜란드, 베트남 등 다양한 나라를 여행하면서 경험하고 싶다고 말하는 모습에서 도전 정신을 느낄 수 있어 인턴으로 채용했다. 회사에서 사람들과 친화력도 좋고 매사에 적극적이고 밝은 모습으로 궂은일은 도맡아 한다.

　두 학생 중 최근 기업이 선호하는 인재는 어떤 인재일까? 단연 B 학생이고, 이것이 요즘의 채용 추세이다. 실제로 많은 기업들의 채용 패턴이 바뀌고 있다. 삼성전자만 봐도 삼성직무적성검사(SSAT)만 통과하면 지원자의 학벌을 보지 않는다.

　그런데도 사람들은 여전히 옛날 이야기만 한다. 취업에 실패한 사람들은 남의 탓을 하는 경향이 있다. 기업 채용 시험에서 떨어진 이유가 실력이 아니라 지방대여서라고 이야기한다. 하지만 지방대여서가 아니라 4년 동안 얼마나 실력을 갈고 닦았느냐를 봤을 때 기준에 맞지 않았기 때문이라는 것을 깨달아야 한다.

또한 명문대 출신이 기업이 원하는 인성을 갖추지 못해 떨어졌는데 집안이 안 좋아서 떨어졌다는 탓을 하는 것도 바람직하지 않다.

요즘 조기 유학을 갔다 와도 취업이 안 된다고 하는데, 조기 유학 자체가 취업을 보장하는 것은 아니다. 성실함과 영어 실력을 갖추고 있다고 해도 실력 있는 분야가 없다면 취업이 되지 않는다. 예전에는 영어 실력만으로 직원을 채용했지만, 요즘은 하나만 보는 게 아니고 종합적으로 본다. 이렇듯 미래 사회는 실력, 성실, 글로벌 믹스를 고루 갖춘 복합적인 인재를 원한다.

교육 제도는 어떻게 변하는가?

 국제 사회에서 국가와 기업들은 처절하게 경쟁하고 있다. 그렇기 때문에 경쟁에서 성공하려면 인재가 필요하다. 하지만 사회는 느긋하게 학생들을 기다려 줄 시간이 없다. 사회가 이렇게 급하니 입시 제도와 교육 제도는 거기에 맞추어 항상 바뀔 수밖에 없다. 이런 변화에 대해서 누구도 친절하게 말해 주지 않는다. 그렇기 때문에 변화를 이해하는 부모는 잘 따라가지만, 그렇지 않은 부모는 자꾸 교육 제도가 바뀌는 것에 대해 불안해한다. 이제는 교육 제도만 탓하고 있을 시간이 없다. 사회가 **빠르게** 변하고 그에 따라 교육 제도가 바뀐다는 것을 이해하고 따라가려고 노력해야 한다.
 최근 달라진 교육 제도에 대해 알아보면 진로교육이 왜 중요한지 한눈에 알 수 있다. 교육 제도가 어떻게 바뀌고 있는지 차근차근 알아보자.

1. 입학사정관제의 비중이 커지다

사회는 실력과 열정 있는 아이들, 성실하고 외국어 실력이 있으면서 도전 정신이 있는 아이들을 원한다. 그렇기 때문에 교육 제도도 사회가 원하는 아이들을 길러 내기 위해 바뀌고 있는데 대표적인 제도가 입학사정관제이다.

우리나라는 새로운 교육 정책이 발표될 때마다 온 나라가 몸살을 앓는다. 새로운 정책에 대해 찬성보다는 반대가 많은 것도 사실이다. 서로의 입장이 다르고, 변화에 민감하게 대처하기도 어렵기 때문이다.

그런 의미에서 입학사정관제는 독특한 제도이다. 입학사정관제를 반대하는 사람은 별로 없다. 입학사정관제는 생각이 서로 다른 집단들이 원하는 것을 교묘하게 만족시켜 주고 있기 때문이다.

우선, 사회는 점수가 높은 인재보다는 열정 있는 스티브 잡스형의 창의적 인재를 원하는데, 입학사정관제는 열정을 많이 평가하기 때문에 이 제도를 반긴다.

학교 측에서는 입학사정관제가 학교생활이나 교사 추천을 중요시 여기기 때문에 학교 권위를 살려 준다고 보고 좋아한다.

시민 단체는 그동안 학생들을 일렬로 줄 세우는 것에 반대해 왔다. 하지만 입학사정관제는 성적뿐 아니라 다양한 학생의 능력을 고려하면서, 사회 배려 대상자 전형, 지역 균형 선발 등을 통해 사회적 약자에게도 기회가 돌아가게 하기 때문에 싫어할 이유가 없다.

대학은 그토록 원했던 학생 선발권을 대학에 주기 때문에 반대하지 않는다.

그리고 정부 입장에서 학교, 시민 단체, 대학이 만장일치로 찬성하는 제도가 별로 없는데 입학사정관제에 대해서는 반대가 거의 없어서 또한 반갑다.

이렇듯 입학사정관제는 여러 집단들을 중간 지점에서 교묘하게 만족시켜 주는 측면이 있다. 각 집단에서 보기에 절대적으로 선한 것은 아니지만 나쁘지만도 않은 것이 바로 입학사정관제도인 것이다. 이런 이유 때문에 입학사정관제는 현재 빠르게 확대되고 있다. 서울대를 포함한 주요 대학들이 입학사정관제 비율을 앞으로 더 늘려 나가겠다는 계획을 발표하고 있다.

입학사정관제는 미국에서 지난 80년 이상 시행되어 온 입시 제도이기도 하다. 만약 사람들에게 전 세계에서 '가장 좋은 중·고등학교가 어디인가?'라고 물으면 그 답은 열이면 열 모두 다를 것이다. 진보 성향을 가진 사람들은 핀란드나 독일 등 유럽의 고등학교라고 할 것이며, 자본주의 성향이 강한 사람들은 미국의 사립 고등학교라고 할 것이다. 가치관에 따라 생각하는 좋은 교육이 다르기 때문이다.

하지만 대학 경쟁력이 가장 높은 나라를 물었을 때는 이견 없이 미국을 꼽는다. 유럽의 대학도 미국을 벤치마킹하고 있을 정도이다. 이것은 입학사정관제라는 선발 방식이 미국 대학의 경쟁력을 높여 주었기 때문이었다.

그래서인지 우리나라에서도 시행상의 공정성을 문제로 삼을 뿐, 입학사정관제 자체에 대해서는 불만이 별로 없다. 입학사정관제가 사회가 원하는 인재를 선발하는 데에 도움이 되고, 점수 1점이 아닌 다양한 가능성을 평가하는 제도라는 점에 모두 동의하기 때문이다. 그래서 앞으로도 입학사정관제는 더욱 확대될 전망이다.

이처럼 모두가 찬성하는 제도가 훼손되지 않기 위해서 정부는 대학에 예산을 지원하고, 제도가 잘 시행되고 있는지 평가해야 한다. 특정 대학에서 입학사정관제의 본래 취지를 살리지 못한 학생을 선발해 물의를 일으키기도 했다. 하지만 기본적으로 대학 교육을 받고 더욱 성장할 수 있는 잠재력을 갖춘 미래 사회의 인재를 뽑고자 하는 의지를 가지고 있기 때문에 몇몇 문제로 인해서 입학사정관제가 축소되지는 않을 것이다.

입학사정관제는 공부는 조금 부족하지만 창의적인 아이, 지도자가 될 아이, 한 가지 뛰어난 재능을 가진 아이 등 다양한 인재를 뽑을 수 있다는 장점이 있기 때문에 공부만 중시하는 답답한 입시 제도에 신선한 바람이 되고 있다.

그럼 입학사정관제를 어떻게 준비해야 할까? 입학사정관제를 준비하기 위한 몇 가지 방법을 살펴보자.

1) 진로를 명확하게 정해라

"입학사정관제는 진로교육이 핵심이다."
입학사정관제를 설명하는 정부의 모든 자료 맨 첫머리에 나오는 말이다. 실제로 입학사정관들은 학생들이 제출한 서류에서 진로 연관성을 가장 눈여겨본다. 학생이 진로에 대해 진정성을 가지고 있는지, 얼마나 열정이 있는지를 가장 중요하게 여긴다. 자신의 꿈을 구체적이고 명확하게 제시하는 학생에 주목한다. 특히 스스로 '왜 그런 꿈을 꾸게 되었는지'를 설명할 수 있어야 한다. 그러기 위해서는 학생들이 자신이 하고 싶은 일에 대한 깊이 있는 이해와 열정이 글과 말에서 드러나야 한다.

그렇다면 입학사정관제는 왜 진로를 중요하게 여기는 것일까?

우선, 대학의 상황을 살펴볼 필요가 있다. 그동안 명문대 물리학과에 진학한 학생들을 보면 대부분이 물리에 관심이 없었다.

우리나라 입시 제도는 물리의 적성을 키워 주는 입시가 아니었다. 깊이 생각하는 것보다는 외우고, 문제를 푸는 것에 더 익숙해지도록 가르쳐 왔다. 그러니 물리가 얼마나 멋지고 재미있는 과목인지 중·고등학교 수업 시간만으로는 알 수가 없었다.

게다가 초등·중학생들이 공부를 잘하면 의사, 한의사 등을 꿈꿔야 하는 것으로 사회적 세뇌를 당해 왔기 때문에 수학을 잘하는 아이는 물리를 생각하기도 전에 의사라는 꿈을 가지고 자랐을 확률이 높다. 이런 아이들은 고등학생이 되었을 때도 의대를 목표로 공부를 하기 때문에, 물리보다는 생물과 화학을 선택할 가능성이 높다.

그런데 안타깝게도 공부는 잘하지만 의대에 갈 성적이 되지 않으면 명문대 자연 과학부에 진학하게 된다. 출신 고등학교에 명문대 들어갔다는 현수막이 붙었을지 모르지만 아이는 만족스럽지 않을 것이다. 부모도 자녀가 기대하던 의대에 가지 못해서 실망스러울 것이다.

하지만 상황은 1년 뒤가 더 심각하다.

이 아이는 1학년 내내 비싼 등록금을 내고 대학을 다니지만, 머릿속은 복잡하다. '재수를 할까? 반수를 할까? 편입을 할까? 경영을 부전공해야 할까? 의학 전문 대학원을 준비해서 가야 하나?' 이런 고민을 하느라 학점이 좋을 수가 없다.

현재 자연 과학부는 2학년 올라갈 때 대체로 세부 전공을 정하게 되어 있다. 이 학생은 2학년이 되었을 때 의학 전문 대학원에 진학하고자 화학과로 1지망을 내지만, 다른 학생들도 같은 생각으로 화학과에 몰리게 된다. 대부분 비슷한 생각을 가지고 있기 때문이다. 이렇게 해서 결국 성적에 밀려 물리학과에 강제 배정된 아이들이 많다. 그러다 보면 아이는 비싼 등록금 내고 명문대 물리학과에 다니지만 '경영 부전공하겠다, 고시 준비를 하겠다, 공무원 준비를 하겠다'라면서 아까운 청춘 시절을 흘려 보내게 된다.

명문대 철학과도 예외는 아니다. 명문대 철학과 교수들의 소원은 철학을 하는 아이들이 철학과에 왔으면 좋겠다는 것이다. 공부를 잘해 상위권 대학에 갈 성적은 되지만, 상경계열로 갈 성적이 안 되는 아이들이 철학과에 강제 배정된 순간, 이 아이들은 신림동 고시촌으로 달려간다.

교수들은 철학의 세계에 흠뻑 빠져서 함께 공부하고 싶은 학생들을 원하지만 현실적으로 철학과에 만족하면서 다니는 학생이 많지 않다. 남의 떡만 커 보이고 정작 자신이 지원한 과에는 시큰둥한 학생들이 사회로 나갔을 때 경쟁력은 심각하게 약화될 것이다.

입학사정관제는 바로 이런 아이들이 생기지 않도록 하는 것이다. 점수는 조금 낮지만 물리를 좋아해 흠뻑 빠져서 공부하는 아이를 뽑겠다는 것이다. 상경계열로 가고 싶었는데 점수가 안 돼서 철학과에 가는 아이들 말고 철학이 좋아서 철학과에 오는 아이들을 뽑겠다는 것이다.

"우리 학과에 대한 애정과 열정이 높은 아이를 찾아서 뽑겠다."

이것이 바로 입학사정관제의 취지인 것이다.

2) 직접 입학사정관이 되어 보자

자, 그렇다면 입학사정관제의 취지에 따라 학생을 선발해 보자.

열정과 애정이라는 추상적인 개념을 어떻게 파악할 수 있을까? 추상적인 개념을 파악하는 가장 좋은 방법은 학생들에게 '직접 물어보는 것'이다. "우리 물리학과에 열정과 애정이 있는가?"라는 질문에 "네."라는 답변이 나오면 그 학생을 뽑으면 간단하다. 하지만 사람은 불완전한 동물이기 때문에 이렇게 간단하지 않다.

사람은 면접 때 30%의 거짓말을 한다는 속설이 있는데, 이것은 대학에 지원한 학생들 역시 마찬가지이다. 면접장에서는 급하니 '물리과에 뼈를 묻겠다.' 또는 '태어날 때부터 물리에 지대한 관심이 있다.'고 말하지만 실제 진위 여부를 100% 판단하기 힘든 부분이 있다. 입학사정관이 초능력자가 아닌 이상 학생들의 대답이 진실인지 거짓인지 알 수가 없다.

입학사정관제는 지원한 학과에 대한 열정과 애정을 평가하는 제도이다. 그래서 열정과 애정을 평가해야 하는데, 지원한 사람도, 입학사정관도 불완전한 사람이다 보니 추상적인 열정과 애정을 평가하기가 어렵다. 따라서 지원자가 객관적으로 판단할 수 있는 자료를 제출하면, 그 자료를 통해 지원자의 열정과 애정을 알아보고자 한다.

여기서 자료를 제출하라고 하면, 또 거짓 자료가 난무할 수 있으니 반드시 공인된 자료여야 한다. 그래서 대학에서 제시한 공인된 자료가 있다. 학교생활기록부, 에듀팟(창의적 체험활동 종합지원시스템), 학생들을 계속 봐 온 교사들의 권위를 인정해 교사들의 추천서를 인정하고 있다. 그리고 공인된 자료는 아니지만 학생들의 각오에 대해 들어 보기 위해 자기 소개서와 학업 계획서를 중요 평가 자료의 하나로 활용한다.

공인된 자료라고 하면 빵빵한 스펙이 필요한 것 아닌지 불안해하는 부모들이 있을 것이다. 그래서 입학사정관제를 전면 실시하면 교육비가 많이 들 것이라는 추측이 나오고 있다. 하지만 실제로는 그렇지 않다. 입학사정관제의 중요 목적 중 하나는 교육비를 억제하는 것이기 때문이다.

사교육 시장은 돈이 모이는 곳에 자연적으로 발생한다. 그런데 입시 제도가 사교육이 번성할 수 있게 운영되다 보니, 사교육 시장이 커졌던 것이다. 사교육의 번성은 입시 제도와 연관이 깊다. 그것이 증명된 사례가 최근 중학생 대상 학원의 하락세이다. 요즘 고등학교 입시를 준비하는 중학생 대상의 학원이 신통치 못하다. 특목고 입시가 자기 주도 학습 전형으로 바뀌면서 지나친 선행 학습이나 수상 실적을 강조하는 것은 예전보다 실효성이 떨어지고 있다. 입학사정관제 역시 특목고 입시의 자기 주도 학습 전형과 유사하다.

사실 진정한 의미에서의 입학사정관제에서는 수상 실적이 중요하다. 학생이 어떤 분야에 관심을 가지고 노력했다는 것을 보여 주는 하나의 요소이기 때문이다. 그러나 우리나라에서는 사교육을 억제할 수 있는 입학사정관제를 실시하려다 보니, 대외 수상 실적은 전혀 인정하지 않고, 교내 수상 실적만을 중요시한다. 사교육 없이도 학교생활에 충실한 아이들이라면 충분히 한국형 입학사정관제를 준비할 수 있다.

다만 아쉬운 것은 사교육을 줄이겠다는 취지는 이해하지만, 열심히 노력해 대외 수상을 한 학생들이 역차별을 받을 수 있는 가능성이 있다는 것이다. 언젠가는 교내외에 상관없이 학생들이 노력한 결과를 인정하는 방향으로 나아갈 것이라 예상된다.

입학사정관제는 앞에서도 말했듯이 학교생활기록부, 에듀팟, 교사 추천서, 학생이 작성하는 자기 소개서와 학업 계획서를 통해 지원자를 판단한다. 이때 '어떤 형식'으로 판단하는지 살펴보면 입학사정관제에서 진로가 왜 중요한지 쉽게 이해할 수 있다.

자, 그럼 자신이 직접 입학사정관이 되어서 학생을 뽑는다고 가정해 보자. 자신이 물리학과 교수인데, 입학사정관 전형으로 학생을 뽑는 면접에 참여했다. 내가 물리학 교수라면 일단 물리과에서 4년간 물리의 세계에 빠져들 만한 열정이 있는 아이들을 뽑겠다는 마음이 기본 전제가 될 것이다.

여기 A 학생과 B 학생이 있다고 해 보자. 여러분은 두 명 중 한 명만 뽑아야 한다.

A 학생과 B 학생의 학생부 자료를 잘 살펴보자. A 학생은 물리과를 지원했음에도 3년 동안 성적을 보면 수학, 물리보다 영어, 국어 성적이 더

높다. 반면 B 학생은 3년간 다른 과목에 비해 수학과 과학 성적이 더 높다. 누가 더 물리학과에 적합한가 생각해 보면, B 학생이라고 볼 수 있을 것이다.

B 학생에게 더 높은 점수를 주자, A 학생이 "저는 정말 물리과 가고 싶은데 시험 보면 영어, 국어가 잘 나옵니다." 라고 항의한다. 진위 여부는 알 수 없지만 물리 성적이 나쁘지 않으므로 A 학생의 말도 인정한다.

이번에는 생활기록부의 활동을 서로 비교해 본다.

A 학생은 방송반 활동을 열심히 했고, B 학생은 과학 탐구반 활동을 열심히 했다. 당연히 B 학생이 더 물리에 애정이 있어 보인다. 이번에도 B 학생에게 높은 점수를 주자, A 학생이 "선생님은 아바타라는 영화도 안 보셨나요? 제임스 카메론도 물리과 전공해서 어비스, 타이타닉 등 첨단기술을 사용한 영화를 만들었어요. 제가 방송반 활동을 한 이유는 물리 다큐멘터리 만드는 게 꿈이기 때문입니다."라고 항의한다. A 학생의 말도 타당하고 여기고 다음 자료를 비교한다.

A 학생은 때만 되면 요양원과 불우한 시설을 돌아다니며 봉사 활동을 열심히 했다. 꾸준히 봉사 활동을 한 것으로 보아서 봉사의 질도 높아 보인다. 반면 B 학생은 각 지역에서 열리는 과학 축전 등에 참여해서 자원봉사를 열심히 했고, 저소득층 아이들 대상으로 과학 탐구반 봉사 활동도 했다. B 학생도 꾸준히 봉사 활동을 했고 봉사의 질도 높아 보였다. 물리학과의 시선으로 봤을 때 객관적으로 B 학생의 봉사 활동이 물리학과 학생으로 적합해 보이는 게 사실이다.

이번에는 A, B 학생의 독서 이력을 살펴보자.

A 학생은 헤르만 헤세의 《지와 사랑》을 감명 깊게 읽었다. A 학생은 이성적인 나르치스와 감성적인 골트문트를 통해 인생에 있어서 이성과 감성의 조화가 얼마나 중요한지를 깨달았다고 말했다. 반면 B 학생은 칼 세이건의 《코스모스》를 감명 깊게 읽었다. 아버지와 〈콘택트〉라는 영화를 재밌게 봤는데, 그 시나리오가 칼 세이건이 만든 시나리오여서 그의 책을 찾아보다가 《코스모스》를 읽게 되었고, 이를 통해 천체물리학에 관심을 갖게 되어서 물리학과에 지원하게 되었다고 말했다. 독서 이력을 바탕으로 판단해 보았을 때, 누가 더 물리에 애정이 있으냐고 한다면 당연히 B 학생이다.

이처럼 학생들이 제출한 공인된 자료와 직접 인터뷰를 한 뒤 결정하면, 누구를 합격시켜야 할지가 명확해진다.

실제로 물리학과 교수님들도 B 학생과 같은 학창 시절을 보냈을 확률이 높다. 그들은 학생들을 통해 자신의 어린 시절의 모습을 마주하게 될 것이며, 그런 학생들에게 점수를 잘 줄 수밖에 없을 것이다. 입학사정관제가 자리를 잘 잡으려면 이렇듯 객관적인 기준에서 학생을 뽑아야 한다.

미국의 입학사정관제는 소송이 거의 없다고 알려져 있다. 그만큼 객관적으로 신중하게 학생을 뽑고 있기 때문이다. 얼마 전 한 외국어 고등학교 교장 선생님에게 하버드에 지원한 한 학생의 이야기를 들었다. 하버드의 입학사정관은 직접 그 학생에게 편지를 보냈다.

편지의 내용은 다음과 같다.

'당신은 예년 같으면 뽑았을 우수한 학생이다. 하지만 올해는 지원자가 너무 많아서 합격을 바로 결정짓기 어렵다. 그러니 당신이 우리 학교에 맞는 인재인지를 판단할 수 있도록 뭔가 더 보여 줄 것이 있는가?'

그 편지를 보고 진학 담당 선생님과 교장 선생님이 학생에게 조언을 했다고 한다.

"네가 우수한 아이인지는 아는 것 같다. 그런데 네가 여러 가지 활동을 한 이유가 그 대학에서 어떤 공부를 하기 위한 것인지에 대한 진로 연관 포인트를 더 정확히 써야 한다."

학생은 다양한 활동을 한 진로 연관 포인트를 잡아서 다시 포트폴리오를 작성해 보냈고 결국 합격 통지를 받았다.

이렇듯 미국의 입학사정관제는 왜 이 학과에 입학하고 싶은지에 대해 상식적으로 이해할 수 있는 자료를 요청하고, 상식적인 과정을 통해 판단한다. 그리고 판단의 근거는 첫 번째로 진로와의 연관성, 다음으로 성실함, 역경 극복, 리더십 등이다.

우리나라의 입학사정관제 역시 이와 마찬가지로 지원한 학과에 좀 더 적합한 학생을 선발하려고 노력 중이다. 그러므로 지레 겁먹고 이런저런 특별한 것을 찾아다니기보다는 스스로 입학사정관의 관점에서 생각해 보고, 진로 연관성을 보여 줄 수 있는 설득력 있는 이야기를 준비해 나간다면, 그것으로 충분하다.

3) 구체적으로 학과를 정해라

그렇다면 입학사정관제에 잘 대처하기 위해서 어떻게 해야 할까?

우선 고등학교 1학년 때에는 가고 싶은 학과를 구체적으로 정해야 하며, 이를 위해서는 중학교 때 계열을 잘 정해야 한다. 더 거슬러 올라간다면 초등학교 때 다양한 체험을 통해 어떤 분야를 좋아하는지 알아봐야 한다. 늦어도 고등학교 1학년이 끝나기 전에는 학과를 정해야 입학사정관제에 도전할 수 있다.

그러나 간혹 고등학교 1학년 때부터 꼭 한 가지 목표를 정할 필요는 없다고도 한다. 그래서 부모들은 또 헷갈린다. 그러나 이를 말 그대로만 해석해서는 곤란하다. 진로에 대한 분위기가 과열되면서, 저학년 때부터 한 가지에만 몰입하는 것을 우려한 이야기이지, 사실 고등학생이면 거의 성인이므로 목표를 분명히 결정해야 하는 시기이다. 목표가 변해도 된다는 말에 1학년 때는 물리학과에 가기 위해 물리를 공부하다가 2학년 때 갑자기 의대를 가기 위해 화학을 열심히 하는 것은 현명하지 못하다.

다만 자신의 꿈을 향해 노력하다가 긍정적인 방향으로 바꾸는 것은 가능하다. 예를 들어, 물리를 열심히 공부하고, 화학과에 지원한 학생이 있다. 이 학생의 경우, 1학년 때 물리에 관심을 가지고 공부하다 보니, 물리화학적인 부분에 흥미를 느껴, 학부 때는 화학을 공부하고, 나중에 대학원에 진학해 물리를 배우겠다는 계획을 세웠다. 그렇다면 화학과에 지원하는 것은 긍정적인 변화의 과정으로 이해할 수 있다.

고등학교 1학년 때까지 다양한 탐색 활동을 한 결과 경제학과에 가기로 결정했다면, 그 학과에 맞는 준비를 해야 한다. 중간·기말고사 때 다른 과목보다 수학이나 사회, 경제 과목에서 좋은 성적을 내야 한다. 1학년 때 아무 생각 없이 합창반 활동을 했다면 2학년 때는 경제에 관련된 동아리 활동을 하는 것이 좋다. 봉사 활동도 저소득층 초등학생을 대상으로 한 경제 캠프 자원봉사처럼 경제와 관련 있는 봉사 활동을 하면 더 도움이 된다.

독서 활동 역시 마찬가지이다. 청소년 추천도서를 모두 읽으면 좋지만, 대학 입시를 코앞에 둔 고등학교 시기는 공부하느라 시간이 없으므로 자신의 진로에 따라 《괴짜 경제학》, 《경제학콘서트》, 《나쁜 사마리아인》 등 경제 관련 서적을 읽어 두면 열정을 보여 줄 수 있다. 이렇게 2, 3학년 때 경제 동아리 활동을 열심히 하고 관련 과목인 수학, 사회를 잘하고 관련 분야의 책을 읽었다면 입학사정관이 보기에 지원자의 꿈이 명확해 보일 것이다.

그런데 진로 목표 설정이 늦어지면, 이러한 활동을 할 시간이 없다. 어영부영하다 보면 2학년이 훌쩍 지나가고, 막상 3학년이 되면 입시 준비만으로도 벅차 진로 관련 활동들은 전혀 할 수가 없다. 교외 활동들이 인정되지 않아 교내 활동으로 범위가 제한되면서, 진로 관련 활동을 할 수 있는 기회는 더욱 줄어든다. 그러므로 1학년 때 학과를 정하고 나면 이후 그 목표에 따라 진로 연관성을 보일 수 있는 방향으로 준비하는 것이 필요하다.

4) 성적, 아예 배제하지는 마라

입학사정관제에 대해 부모들이 오해하는 부분이 있다. 바로 아이가 열정만 있으면 성적이 나빠도 원하는 대학에 갈 수 있지 않을까 하는 생각이다. 입학사정관제도 역시 학생이 대학에 와서 공부할 기본적인 역량이 되는지를 고려한다. 다만 기본적인 학업 능력을 평가하는 방법에 차이가 있다.

우리나라 기존 입시 제도는 수학능력시험 점수 1점 차이로 당락이 결정된다. 그러니 수능 당일이면 온 나라가 들썩거린다. 건강상의 이유로 당일 시험을 망쳐 12년간 열심히 공부한 것을 실력 발휘를 못하는 경우도 종종 있다. 그날의 운이 시험 점수에 크게 작용하는 것이다. 하지만 꿈을 이루는 일을 단 하루에 결정하는 것은 무리가 있다.

입학사정관제는 그날 컨디션에 따라 시험을 잘 볼 수도 못 볼 수도 있다는 관점을 이해하고 있다. 그러므로 시험 보는 날의 컨디션에 따라 달라질 수 있는 점수대에 있는 학생들은 다 같은 성적이라고 생각한다. 대신 열정과 애정을 보겠다는 것이다.

우리나라의 부모들이 하버드 대학에 전화해 "커트라인이 몇 점이냐?"고 물어보면, 하버드 대학에서는 "올해 우리 학교 신입생들은 000점대의 학생들이 많습니다." 라고 대답한다. 우리는 1~2점에 좌우되는 커트라인 입시 체제이었기 때문에, 한국의 부모들은 뽑힐 수 있는 커트라인을 묻지만 하버드 대학에서는 학생이 대학에서 공부할 수 있는 평균적인 수준에 도달해 있는가를 평가하기 때문에 어찌 보면 애매한 점수대로 대답을 하는 것이다.

입학사정관제에서는 그날 컨디션에 따라 달라질 수 있는 등급은 1~2등급 정도라고 보고, 그 안에 속해 있다면 대학에서 공부할 수 있는 학업 능력을 갖추었다고 생각한다. 1~2점 차이로 합격 여부가 결정되는 현 입시 체제와는 분명 다르다.

한편 "입학사정관 전형을 통해 내신 8등급 학생이 명문 대학 생물학과에 합격했다."는 기사가 신문에 나면 부모들은 괜한 기대를 하게 된다. 하지만 이런 학생은 특정 분야에 대한 애정과 열정이 그야말로 낮은 내신 등급이 상관없을 만큼 남달랐기 때문일 것이다. 이러한 경우는 그야말로 특별한 경우라고 봐야 한다. 대부분의 대학은 내신 등급이 너무 낮으면 대학에서 공부하는 데 필요한 학업 능력이 부족하다고 본다. 그러므로 원하는 대학에 지원할 수 있는 어느 정도의 성적은 유지해야 한다.

앞에서도 말했지만 입학사정관제는 많은 돈을 들여 스펙을 관리하는 것이 아니다. 그러므로 자신이 가려고 하는 과에 맞는 다양한 활동을 교내외에서 꾸준히 하는 것이 가장 중요하다. 그러기 위해서는 아이들이 일찍 자신의 꿈을 발견해야 한다. 옆집 아이가 논술학원 다닌다고 하면 우리 애도 다녀야 할 것 같고, 옆집 아이가 집짓기 봉사 활동을 한다면 우리 애도 집짓기 봉사 활동을 해야 할 것만 같은 마음을 떨치고, 아이 마음속에 흔들리지 않는 꿈부터 단단히 새긴 뒤, 흔들리지 말고 그것을 따라가면 된다.

2. 학부제 선발에서 학과제 선발로 바뀌다

입학사정관제도는 열정과 애정을 판단해야 하는데, 학부제로 선발할 때는 이를 평가하기가 어렵다. 앞서 예로 들었던 명문대 생물학과 입학 사례 역시 마찬가지이다. 만약 학부제로 선발하는 대학이라면, 자연 과학부 교수들에게 그 학생은 곤충을 많이 아는 공부 못하는 아이였을지 모른다. 하지만 생물학과 교수가 직접 학생을 보았기 때문에 그 학생의 장점이 두드러졌던 것이다. 만약 그 대학이 학과제가 아니라 학부제였으면 아마 뽑히기 힘들었을 것이다.

그동안은 법에 의해서 학부제가 강제되어 왔으나, 2009년 고등교육법 시행령이 개정되면서 대학이 자율적으로 학과제로 할지, 학부제로 할지 결정할 수 있게 되었다. 따라서 주요 대학들이 학부제에서 학과제로 바꾸고 있으며 서울대도 이제 대부분이 학과제로 바뀌었고, 일부만 학부제 선발을 하고 있다.

대학은 학부제보다 학과제를 선호한다. 2학년이 될 때 학과를 정하면 인기 학과에는 학생들이 몰리지만, 그렇지 않은 과는 학생들이 지원하지 않기 때문이다.

그러나 학생 입장에서는 학부제가 좋을 수도 있다. 중·고등학교 때 진로를 결정하지 못한 상황에서 특정 학과를 선택하는 것은 어렵기 때문에 학부로 입학해 여러 수업을 들으며 시간을 두고 여러 과들을 탐색해 볼 수 있기 때문이다.

아무튼 입학사정관제와 학과제로의 선발 제도 전환이 맞물리면서, 진로 설정이 더욱 중요해졌다. 그렇기 때문에 고등학교 1학년이 끝나기 전에 목표를 정하는 것을 추천한다.

고등학교는 이런 교육 제도와 입시 제도의 변화 때문에 진로교육이 더욱 강화되고 있다. 진로가 입학사정관제와 같이 대학 입시에 직접적으로 연결되자 학교도 학부모도 적극적으로 움직이고 있다.

그러나 갑자기 고등학교 때 진로를 결정할 수 있는 것은 아니다. 중학교와 초등학교 때에 충분히 적성과 진로의 탐색 과정을 거쳐야 한다.

고등학교 때 학과를 정하려면 중학교 때는 큰 틀인 계열을 정해야 한다. 인문계, 이공계, 음악계, 미술계, 체육계, 공업계, 상업계 등 자신에게 맞는 계열이 무엇인지 정해야 한다. 큰 계열이 정해져야 고등학교를 선택할 때 관심을 가지고 있는 학교를 선택할 수 있다. 예를 들어, 과학에 관심이 있다면 과학고나 일반계 고등학교 중 과학 중점 학교에 진학할 것이고, 어문계열에 관심이 있을 경우, 외고나 영어 중점 학교에 진학할 것이다. 그리고 자녀가 충분히 인문계에 갈 성적이긴 하나, 특정 직업 분야에 대한 선호와 능력이 뚜렷하다면, 특성화 고등학교나 마이스터고를 고려해 보는 것도 좋다.

이렇게 중학교 때 계열을 정하려면 초등학교 때 다양한 체험 활동을 많이 해 보는 것이 좋다. 예를 들어 아이가 미술, 체육, 과학 중 과학을 좋아한다면 중학교 가서 과학을 정말 좋아하는지 알아보기 위해 과학 활동을 많이 해 본다. 정말 과학이 좋다면 이공계를 선택하고, 이공계 안에서도 무슨 과를 갈지 탐색해 봐야 한다.

만약 초등학교 때는 과학을 좋아했는데 막상 중학교에 가서 깊이 있고 다양하게 과학 활동을 해 봤더니 흥미를 느끼지 못할 수도 있다. 그때는 그와 유사하고 사회 과학에 속하면서 평소 관심을 보이던 분야의 관련 자료를 주거나 경험을 하도록 해 준다. 심리학에 꾸준한 관심을 보인다면, 사회 과학 쪽이라고 생각하고 문과를 선택하면 된다. 고등학교 1학년 때는 중학교 때에 결정한 큰 계열인 사회 과학 중에서 법학, 행정, 사회 등에 해당하는 구체적인 학과를 선택할 수 있도록 관련된 동아리 활동을 하고 관련 서적을 읽어 보는 것이 좋다.

3. 진로 중심으로 교육 과정이 바뀌다

고등학교에서는 교육 제도 및 입시 제도에 대해 명확하게 이해하지만 초등·중학교는 입시와는 거리가 있어 이러한 활동에 적극적이지 않다. 그러나 초등·중학교 시기에 앞서 언급한 활동들이 이루어지지 않으면, 고등학교 때 학과 선택을 하기 어려워진다. 그래서 그 시기에 진로를 강조하는 교육 과정이 강화되고 있다. 그것이 바로 2009년 개정 교육 과정이다.

새 교육 과정은 한 학기에 8과목까지만 배울 수 있다. 이전에는 한 학기에 13~14과목을 배우던 것을 8과목만 배우도록 한 것이다. 그러다 보니 1주당 1시간이던 음악이 1주당 3시간이 되는 등 시간표가 바뀌었다. 배워야 하는 분량은 똑같은데, 한 학기에 8과목밖에 배울 수 없으니, 학기당 1시간씩 나눠서 배우던 것을 한 학기에 몰아서 배워 과목 수를 줄인 것이다.

이러한 변화는 진로와 매우 밀접한 관련이 있다. 학생들이 진로를 선택할 때, 흔히 보이는 특징이 있다. 예를 들어, 공부하기 싫어하는 중학교 시기의 학생들은 필요 이상으로 음악을 좋아하는 경향이 있다. 늘 국어, 영어, 수학에 찌들어 있는데 일주일에 딱 1시간 있는 음악 시간에는 노래를 부르고 공부는 안 한다. 그러니 음악이 얼마나 좋겠는가? 그러다가 노래방에서 점수라도 좀 잘 나오면, 자신은 노래를 좋아하고 잘하니 연예인을 해야겠다는 목표를 세우는 것이다. 아이들 스스로도 시간에 따라 주요 과목과 비주요 과목을 나누는 것이다.

2009년 개정 교육 과정이 적용된 학교의 모습은 좀 다르다. 음악을 1주당 3시간 배운다. 음악이 주요 과목이 되는 것이다. 1주당 3시간 수업을 하려면, 항상 즐겁게 노래만 할 수는 없다. 한 시간은 다른 과목들처럼 이론도 가르치고, 숙제도 내준다. 그 과정에서 아이들은 음악 수업이 노래만 부르는 시간이 아니라 다른 과목과 똑같이 공부를 해야 하는 것임을 알게 된다.

또한 2009년 개정 교육 과정의 주요한 변화 중 하나로 블록타임제(Block-time)라는 것이 있다. 같은 과목을 한꺼번에 몰아서 하는 것이다. 일주일에 3시간 배정되어 있는 미술 시간을 종전에는 하루에 1시간씩 수업했다면, 블록타임제에서는 하루에 몰아서 실시하는 것이다. 예를 들어, 판화에 대해 배우는 시간이라면 1시간은 이론을 배우고 2시간 동안 안정적으로 실기 수업을 하는 것이다.

이렇듯 2009년 개정 교육 과정은 모든 과목을 충분히 배우게 해서, 아이들이 과목에 대한 편견을 갖지 않도록 한다. 편견 없이 모든 과목을 경험하고, 자신의 적성을 탐색할 수 있게 되기 때문에 긍정적인 변화라고 할 수 있다. 그러나 당초 취지와는 다르게 학교 현장에서는 국영수 위주로 수업이 구성되고, 예체능 수업은 오히려 전보다 더 등한시 되는 모습이 나타나고 있다는 점이 안타깝다.

한편 2014년부터 바뀌게 되는 수능 역시 진로 연관성이 높아진다. 그중 가장 대표적인 변화는 국어, 영어, 수학에 A·B형 난이도별 응시이다. 국어, 영어, 수학은 쉬운 A형과 어려운 B형 중에 학생이 원하는 것을 선택해서 볼 수 있다. 그렇게 되면, 당연히 명문 대학들은 전 영역에서 어려운 B형을 요구할 수 있기 때문에 교육과학기술부에서는 어려운 B형은 2과목까지만 지정할 수 있게 한정하고, 국어, 수학은 동시에 선택할 수 없게 만들었다. 따라서 문과계열의 학과인 경우, 국어와 영어를 어려운 B형으로, 이과계열의 학과는 수학과 영어를 B형으로 선택할 가능성이 높다. 따라서 자신이 목표로 하는 학과를 결정하면, 학생들은 자신에게 필요한 영역의 공부에 더 집중할 수 있게 된다.

그리고 탐구 영역 역시 선택할 수 있는 과목의 숫자가 3과목에서 2과목으로 줄어든다. 이에 따라 학습 부담은 줄어들게 되고, 탐구 영역에서의 진로 연관성은 더욱 더 중요해졌다. 이전에는 선택 과목이 3~4과목인 경우, 다양한 과목에 응시하고, 나중에 여러 전공에 서류를 접수할 수 있었다. 물리1, 생물1, 화학1, 화학2를 공부하고, 물리학과와 화학과 모두에 원서를 넣는 것이다. 그러나 이제는 선택할 수 있는 과목의 숫자가 줄어들기 때문에 목표를 정해 자신이 목표로 하는 학과에 맞춰 준비해야 한다.

이처럼 이른 시기에 목표를 설정하고 바뀐 교육 과정을 효과적으로 활용한다면 이후 학과 선택이나 직업 선택이 더욱 쉬워질 것이다.

어떻게 진로를 설계할 것인가?

산업과 교육 제도의 변화로 진로교육이 어느 때보다도 중요해졌다. 하지만 부모 자신들조차 제대로 진로교육을 받아 본 적이 없어서 내 아이의 진로를 어떻게 준비해야 하는지, 교육하려면 어디서부터 시작해야 할지 난감해한다. 이제 구체적으로 내 아이의 적성을 파악하고 진로를 설계하는 방법에 대해 알아보자. 더불어 내 아이가 살 세상에서 각광받을 만한 미래의 유망 분야는 무엇인지도 함께 살펴보자.

1. 적성을 파악하고 진로를 설계하다

내 아이의 진로교육에서 가장 중요한 것은 첫째 적성 파악, 둘째 진로 설계이다. 즉 진로교육은 아이의 적성을 파악하고 그 적성이 사회의 어느 분야에서 발휘될 수 있는지 진로를 설계하는 것이다.

적성에 변화가 많은 초등학교, 중학교 때는 아이의 적성을 파악하고, 이를 바탕으로 적성이 굳어진 고등학교, 대학교 때는 구체적인 도달 경로와 실행해 가는 진로 설계를 하는 것이 가장 이상적이다.

하지만 우리나라 진로교육은 아쉽게도 초·중·고가 분리되어 있다. 초등학교 때 파악한 적성이 중학교에 제대로 전달되지 않기 때문에 중학교, 고등학교에 가서 다시 해야 한다. 매번 나에 대한 이해, 성격 알아보기 등부터 다시 시작해야 하는 이유가 여기에 있다. 결국 시간만 낭비하고, 적성도 잘 찾지 못한 채 학창 시절을 흘려보내게 된다. 그러므로 부모는 아이의 파악된 적성을 잘 쌓아서 이를 활용해 자녀의 진로 설계가 제대로 이루어질 수 있도록 하는 것이 중요하다.

1) 자녀의 적성을 파악하는 방법

우선, 초등·중학교 시절에는 적성을 파악하는 게 중요하다. 적성이란, 선천적인 영향이 큰 성격과 후천적인 영향이 큰 흥미와 능력으로 나눌 수 있다. 흥미와 능력은 태어난 이후에 어떤 자극과 경험이 주어지느냐에 영향을 많이 받는다. 그러나 성격은 태어난 그대로 유지된다.

적성을 파악하라는 것은 어느 특정 직업을 선택하라는 말이 아니다. '이 적성에는 어떠한 일을 잘할 수 있다.'라는 정도로 큰 틀에서 파악하면 된다.

부모님들은 "인생 살다 보니 성격도 바뀌던데요."라고 말하며 적성 파악을 중요하게 여기지 않는 경우도 있다. 이런 경우 사실 성격이 바뀐 게 아니라 흥미가 바뀐 경우가 대부분이다. 학교 또는 사회가 요구하는 방향으로 적응해 나간 것이다. 그럼에도 불구하고 부모들은 "성격은 바뀌고 맞춰지는 것이니 일단 하기 싫어도 하는 거야. 잘하는 일을 직업으로 하고 좋아하는 건 취미로 해라."라고 강요한다. 여기서 인생의 비극이 시작된다.

사람이 커 가면서 흥미는 변할 수 있으나 굳어진 성향들은 거의 변하지 않는다. 예를 들면, 혼자서 차분하게 감상하는 것을 좋아하는 사람이 클래식을 듣다가 팝음악을 듣는 것은 '흥미'가 바뀐 것이다. 그러나 음악을 듣는 정적인 활동만 좋아하던 사람이 축구와 같이 여러 명이 어울려 활동적으로 움직이는 스포츠를 좋아하게 되었다면, 그것이야말로 성격이 바뀌었다고 볼 수 있다. 하지만 그런 경우는 드물다. 아이가 잘하는 분야에서 성공하기를 바란다면, 적성부터 파악해야 한다. 적성을 파악하는 방법에는 크게 세 가지 방법이 있다.

첫째, 다양한 체험 활동을 통해 아이의 적성을 추정해 볼 수 있다.

이것저것 해 봐야 무엇에 관심이 있는지, 관심 있는 것을 실제 해 보니 결과는 어땠고, 느낌은 어떠했는지 알 수 있다. 그래서 어린 시절에는 아이가 흥미를 보이는 것은 직접 경험하도록 하는 것이 좋다. 경험을 통해 단순히 겉모습만 보고 좋아했다거나 반대로 직접 해 보니 생각했던 것보다 더 재미있다고 느낄 수도 있기 때문이다. 또 어떤 것은 노력에 비해서 결과가 좋은 것도 있고, 어떤 것은 대단히 좋아하긴 하지만 노력에 비해 결과가 좋지 않은 것도 생기게 마련이다. 이런 과정을 통해서 좋아하면서도 잘하는 것을 하나씩 찾아가는 것이다. 그런데 경험해 보지 않으면 무엇을 좋아하는지, 그것에 대한 능력은 어느 정도인지 알 수 없기 때문에 체험 활동이 중요하다.

최근 학교에서 창의적 체험 활동이라는 이름 아래 다양한 체험 활동을 권장하는 것도 그러한 이유 때문이다. 또한 체험 활동에 대한 느낌과 결과들을 기록해 놓지 않으면 경험한 내용을 제대로 활용할 수 없으므로 '에듀팟'이라는 시스템을 만들어 놓았다. '에듀팟'은 아이들의 다양한 체험 활동에 대한 기록을 남겨 시간이 지나도 활용할 수 있게 한 것이다.

둘째, 전문 교육을 받은 상담자와의 면담이나 멘토링을 통해서 파악할 수 있다. 부모가 내성적인 사람은 자신보다 조금 더 활발한 자녀를 보고는 대단히 활발하고 사회성 좋은 아이라고 판단할 수 있다. 하지만 경험이 많은 전문 상담가는 전체 아이들의 평균에 비해 오히려 더 내성적인 아이라고 평가할 수도 있다. 요즘은 한 가정에 아이가 많아 봐야 2~3명이기 때문에 부모는 그 안에서 견주어 성향을 추정하지만 전문 상담가는 아이와의 대화를 통해 객관화시킬 수 있고 다양한 정보를 주며 아이의 반응을 살펴볼 수 있다. 그동안은 학교에 진로 전문가가 없었기 때문에 막상 상담하고 싶어도 방법이 없는 경우가 많았지만 최근 정부는 진로 진학 상담 교사를 양성하여 배치하고 있다.

셋째, 적성 검사를 해 보는 것이다. 적성 검사는 아이들의 대략적인 적성 구조를 파악하고 범위를 좁혀 주는 역할을 한다. 다양한 적성 검사는 아이의 적성을 파악하는 중요한 도구가 된다. 적성 검사를 할 때는 조심

해야 할 것이 있다. 아이가 적성 검사를 할 때 반드시 솔직하게 답을 해야만 한다. 적성 검사가 안 맞는다는 경우는 대체로 적성 검사 자체의 문제보다는 아이들이 적성 검사에 제대로 임하지 않은 경우가 대부분이다.

실제로 학교에서는 형식적으로 적성 검사를 하는 경우가 많다. 그렇기 때문에 아이들은 검사에 진지하게 답하는 것이 아니라 건성으로 체크한다. 일반적으로 학교에서는 1교시 아이큐 검사, 2교시 적성 검사를 실시하는데 이 때, 아이들은 무슨 검사인지도 모르고 검사를 받는 경우가 대부분이다. 그러므로 적성 검사를 하기 전에 아이들에게 왜 검사를 해야 하는지에 대한 동기를 부여할 수 있는 특강을 여는 것도 좋은 방법이다. 꿈이 얼마나 중요한 것인지 느끼면 아이들도 성심성의껏 검사에 임하게 되고, 자연스럽게 검사 결과의 정확도도 높아질 것이다.

초등학교 고학년부터는 적성 검사를 1년에 한 번 정도 정기적으로 하는 것이 좋다. 꾸준히 적성 검사를 해서 결과의 추이를 지켜봐야 하기 때문이다. 나라에서 하는 무료 검사든 기관에서 하는 유료 검사든 어느 것이든 상관이 없다. 해마다 아이의 관심과 선호가 어느 방향으로 바뀌고 있는지 아는 것이 가장 중요하다.

만약, 이렇게 꾸준히 쌓인 적성 검사 자료가 특정 분야로 일치한다면 의외로 아이의 꿈을 정하는 게 쉬워진다. 아이가 잘하고 좋아하는 일이 변함없이 한곳으로 향하기 때문에 그 꿈을 향해 노력하면 된다.

반면, 매년 적성 검사마다 다른 성향을 보인다면, 이 아이는 외부 자극은 많으나 그 자극을 내부적으로 소화하지 못하고 있다고 볼 수 있다. 그럴 때는 성급히 진로 설계를 하면 오류를 범할 수 있으므로, 다양한 체험 활동의 결과를 전문 교육을 받은 상담자에게 보여 이야기를 나눠 보는 것이 중요하다.

중학교까지는 적성의 변화가 많을 수 있으므로 좋은 습관을 길러 주고, 어떤 꿈이든 가질 수 있도록 도와주는 것이 좋다. 이러한 과정을 거치면 대부분의 아이들이 중학교 3학년, 고등학교 1학년 정도가 되면 어느 정도 적성을 파악할 수 있다.

고등학교 이후부터는 적성이 굳어져 잘 변하지 않는다. 실제로 고등학생을 대상으로 적성 검사를 했을 때 아이들이 진지하게 임하면 1~3학년 동안의 결과가 거의 비슷하다. 그러므로 고등학생 때는 아이를 바꾸려 하기보다는 뚜렷한 적성을 파악하는 것이 중요하다. 그리고 아이의 적성이 어떤 분야에서 발휘될 수 있는지 알아보자. 그 분야에서 최고에 도달할 수 있는 진로 설계를 해 주어야 한다.

2) 좋아하면서 잘하는 것 찾기

적성을 파악해 진로를 설계할 때 중요한 것은 좋아하는 것과 잘하는 것을 동시에 만족시켜 주는 것을 찾아 설계하는 것이다. 아이들은 '좋아하면서 잘하는 일'을 할 때 가장 행복하다.

하지만 대부분의 부모들은 이 두 가지를 대립되는 개념으로 생각한다. 좋아하는 걸 택하면 잘하지 못하고, 잘하는 것을 하면 좋아하지 못한다고 생각한다.

"사람이 어떻게 자기가 좋아하는 것만 하면서 사느냐? 좋아하는 건 취미로 하고, 잘하는 것을 해라."

이것이 바로 부모들의 고정관념이다.

예를 들어, 좋아하는 것과 잘하는 것을 동시에 만족시키는 것은 이런 것이 있다.

대부분의 또래 아이들이 뽀로로를 좋아하는데, 유독 어떤 아이가 비행기를 좋아한다. 그러면 부모는 생일이나 크리스마스에 비행기를 사 주게 되는데, 이때 아이들의 반응은 두 부류로 나눌 수 있다.

첫번째는 한동안 비행기만 가지고 놀다가 비행기에 질려서 다른 것에 관심을 갖는 아이이다. 이런 아이는 비행기를 단순 선호한 경우이다.

또 다른 아이는 비행기를 자꾸 사 줘도 계속 비행기를 좋아한다. 이러한 경우를 집착까지 형성된 선호라고 부른다. 비행기를 좋아하는 이 아이는 초등학교 때 모형 항공기 대회에서 작은 상이라도 받게 되면 엄청난 동기 부여가 된다. 당연히 더 비행기에 집착하는 모습을 보인다. 중학교에 가서는 인터넷의 '항공기를 사랑하는 카페'에 가입해 자신과 취미가 같은 친구들을 만나 정보를 교환한다. 날아가는 비행기를 보며 "저건 F-117이야."하면서 자신의 전문 지식을 뽐낸다. 이대로 선호가 굳어지면, 이 아이가 인문계 고등학교에 들어가서 계열 선택할 때, 이과를 택할 가능성이 높다.

이과를 선택했다고 해서 모든 것이 끝난 것은 아니다. 아이는 내가 진짜 좋아하는 것이 비행기 자체에 대한 관심인지, 아니면 비행기 조종에 관심이 있는 것인지에 대해 고민한다. 비행기 조종에 관심이 있다면 공군 사관 학교나 일반 대학의 항공학과 등에 관심을 가질 것이다. 하지만 비행기 조종이 아니라 비행기 자체에 관심이 많은 것이라면 항공우주공학과나 기계공학과를 목표로 할 가능성이 높다. 그리고 대학에 들어가서도 비행기에 대한 선호가 사라지지 않으면 취직을 할 때에도 대한항공, 금호아시아나항공, 인천국제공항공사 등 자신이 선호하는 분야의 회사들에 우선적으로 지원하게 될 것이다. 선호를 쭉 유지하고 살렸을 때는 이처럼 산업 분야를 결정해 주기도 한다. 산업을 바탕으로 회사를 결정했다면 재무, 인사, 회계, 마케팅, 생산, 제조 등 다양한 직무 중에 목표 분야를 고르는 것이 중요하다. 이때 기준이 되는 것이 '능력'이다. 항공이란 산업을 좋아하고, 마케팅을 잘 수행할 수 있는 능력이 있다면 그 학생은 '항공 분야의 마케터'라는 적성에 맞는 직업을 찾을 수도 있을 것이다.

3) 꿈에 대해 이야기하기

좋아하는 것은 분야를 결정하고, 잘하는 것은 직무를 결정하기 때문에 좋아하는 것, 잘하는 것을 동시에 만족시키는 것이 무엇인지 제대로 파악해야 한다.

그러면 왜 부모들은 좋아하는 것에서 분야가 결정되고, 잘하는 것에 의해서 직무가 결정됨에도 불구하고 두 가지 조건을 동시에 만족시키려는 것이 아니라 좋아하는 것과 잘하는 것을 대립되는 개념으로 생각할까? 좋아하면서 잘하는 것을 동시에 만족하는 진로를 찾으려면 청소년기에 대략 200~300개 정도의 직업에 대해서 어느 정도 이해하고 있어야 한다. 그래야 좋아하는 것 속에서 자신이 잘하는 것을 발견할 수 있기 때문이다.

우리나라의 직업을 담은 《한국직업사전》에 등재된 직업 수만 해도 1만여 개 정도이고, 등재되지는 않았지만 통용되는 직업의 수는 만 4천 개에서 2만 개 정도가 된다. 하지만 부모가 좋아하는 직업은 의사, 판사, 변호사, 교사, 공무원, 교수, 한의사 등의 극소수이다. 아이들이라고 별반 다르지 않다. 연예인, 요리사, 디자이너, 축구선수 정도를 꿈꿀 뿐이다.

부모는 다양한 직업에 대해서 잘 모르고, 몇 가지 직업만을 강요하기 때문에 부모와 아이들이 서로 꿈에 대해 대화를 나누기는 어렵다. 실제로 부모와 아이들이 꿈에 대해 원활하게 대화가 오가는 집은 그리 많지 않다. 꿈에 대해 이야기하면 불협화음 혹은 침묵만이 감돌 뿐이다.

부모와 아이들이 꿈에 대해 대화를 나눌 때의 대표적인 갈등 상황을 살펴보자.

"우리 애가 집에 와서 통 말을 안 해요."

"고등학생인데 차라리 집에 와서 하고 싶은 거 얘기하면 속이라도 편할 텐데……. 도대체 이야기를 안 해요."

부모들은 이렇게 하소연한다. 이런 현상 생기는 원인은 부모들이 아이들을 과대평가해 아이들에게 의사, 변호사 등 자신이 원하는 꿈을 이룰 수 있을 것이라고 믿어 의심치 않기 때문이다.

그러다 그 꿈이 깨지기 시작하는 시점이 바로 중학교 1학년 중간고사 성적표가 나오는 날이다. 아이의 등수에 충격을 받은 엄마는 "이 성적에 꿈은 무슨……. 공부나 해!"라고 소리부터 지른다.

그때부터 엄마는 아이에게 오직 공부만을 강요한다. 공부를 못하면 꿈 꿀 자격이 없는 것처럼 대한다. 하지만 아이들은 성장기이므로 오히려 초등학교 때보다 꿈에 대해 더 많이 생각하기 시작한다. 하지만 엄마들이 꿈보다는 성적에만 관심을 기울이고 있기 때문에 아이들도 자신들의 꿈에 대해서는 말하지 않는다.

상담하다보면 요즘 아이들이 부모와 길게 대화를 하지 않고 말을 짧게 끊는 이유를 알 수 있다. 그 원인은 대개 부모들이 자초하는 경우가 많다. 예를 들어 아이와 부모가 꿈에 대해 대화를 나눌 때 아이의 입장에서는 부모님을 기쁘게 해 드리기 위해서 '의사'가 되고 싶다고 말한다. 그러면 부모는 '너 성적에 무슨 의대냐?'며 다그친다. 3달 뒤, 이번에는 자기가 정말 관심이 있는 '프로게이머'가 되고 싶다고 말하면 부모는 아직도 정신을 못 차렸다며 화를 낸다. 그러다 보니 아이들은 꿈에 대해 말하는 것 자체를 거부하고 입을 닫아 버린다.

부모들은 "우리 애가 사춘기가 되더니 집에 와서 말이 없어졌어요." 라고 말하지만 사실 사춘기의 특성이 말이 많아지는 것이다. 아이가 말이 없어졌다면 부모가 아이의 꿈을 진지하게 들어 주지 않기 때문이다. 아이가 좋아하는 것을 존중해 주는 것이 내 아이의 진로를 찾게 하는 지름길이라는 것을 잊지 말아야 한다.

그렇다면 아이가 좋아하는 것을 존중하면서 진로를 잘 찾아 주려면 아이와 어떻게 대화를 나눠야 할까?

초등학생인 자녀가 성적이 좋다고 가정해 보자. 부모는 자녀가 자신보다 똑똑하다고 생각하면, 소위 '사' 자가 들어간 직업을 원하게 마련이다. 그런데 아이가 방과 후에 신이 나는 얼굴로 들어와 "엄마, 나 축구 선수 될래." 하면 부모의 기대는 무너진다.

그러면 맛있는 반찬을 해 주면서 "아들, 대한민국에서 축구로 성공하는 사람이 몇이나 되겠니? 축구는 나중에 취미로 하고, 우선 공부해라."라고 말하며 아이의 꿈을 싹둑 자른다.

아이가 축구 선수가 되겠다고 하는 것은 축구 분야에 대한 선호를 나타낸 것뿐이다. 축구 선수가 되겠다는 것은 스포츠 분야의 선호, 더 나아가서는 문화 분야를 선호한다는 것이다. 다만 알고 있는 직무가 운동선수뿐이라서 축구 선수라고 표현한 것이다.

부모는 단칼에 아이 꿈을 잘랐기 때문에 이제 아이는 부모에게 꿈에 대해서 말하고 싶지 않게 된다. 자녀는 내가 무슨 이야기를 하든 부모님은 다 안 된다고 할 것이라고 생각한다. 그러다 보면 부모 앞에서 꿈 이야기를 안 하게 되고, 부모가 주는 새로운 자극도 거부하게 된다. 부모가 이런 식으로 아이와 대화하면 아이는 클수록 부모가 권하는 것에 무조건 시큰둥한 아이가 된다.

아이들이 꿈을 꿀 수 있게 하는 일은 의외로 어렵지 않다.

우선, 아이가 꿈을 이야기를 하면 칭찬부터 해 줘야 한다. '아, 우리 아이는 축구를 좋아하는구나.'라고 생각하고, 아이가 축구를 좋아하는 것이 단순 선호인지 집착까지 형성된 선호인지 알아봐야 한다. 일회적으로 단순히 좋아하는 것인지, 미치도록 좋아하는 것인지 알아보자는 말이다.

아이가 축구 선수가 되고 싶다고 했으니, 일단 축구부터 시켜 봐야 한다. 방과 후 수업으로 축구를 시켜 보고, 정말 아이가 원하고 실력까지 갖추었다면 유명한 축구 클럽의 입단 테스트라도 받아 봐야 한다. 막상 몇 달 시켜 보면 힘들어 하고 축구를 안 하겠다고 할 수도 있다.

아이가 스스로 그 분야에 관심을 가졌는지 아닌지 확인해 볼 수 있는 기회를 얻게 되는 것이다. 그런데 대부분의 부모들은 시켜 보지도 않고 무조건 안 된다고만 한다. 그러면 아이는 축구에 계속 미련이 남는다. 그저 축구에 대한 단순 선호였을지도 모르는데 확인해 보지 못했기 때문에 축구가 자기가 정말 좋아하는 일이라고 착각할 수도 있다. 그러다 보면 다른 일을 하다가 어려움에 봉착했을 때 "내가 그때 축구를 했어야 했는데……."라고 후회하거나 부모 탓이라고 아쉬워하기도 한다. 그러면 결국 자신이 지금 하는 일도 열심히 안 하고 새로 축구를 시작하기는 너무 늦어서 못하는 결과를 초래한다. 그러니 아이가 좋아하면 우선 시켜 보는 것이 중요하다.

한편 축구를 시켜 보니 좋아하긴 하는데, 별로 잘하지 못하는 경우도 있을 것이다. 이런 경우 부모가 축구가 아닌 자녀가 잘하는 것은 무엇인지 찾아보자. 그 결과 공부하는 것이 더 맞아 보인다면, 아이에게 축구 선수 이외의 롤모델을 제시해 주어야 한다.

"아들, 너는 축구도 좋아하고 공부도 잘하니 다른 직업도 생각해 보면 어떻겠니? 축구라는 분야를 좋아하면서 글도 잘 쓰니 스포츠 기자를 하면 잘할 것 같구나. 기자가 되면 국내외 유명한 축구 선수를 많이 만날 수도 있으니 얼마나 좋니? 네가 자주 보는 스포츠 채널에서 해외 축구 리그 중계하는 사람 있잖니. 만날 축구를 보고, 축구 이야기를 하면서 돈도 벌 수 있으니까 그런 쪽으로도 생각해 봐도 좋을 것 같아. 엄마는 네가 축구 하는 모습도 좋지만, 경기에 대해 이야기해 줄 때가 참 멋있어 보이더라. 그 축구 해설가는 신문방송학과에서 공부하고, 영국 리버풀에 있는 축구 산업대학에서 축구 공부를 하고 왔다는구나. 우리나라 선수들이 해외에 진출하면서, 외국어에 능통하고 축구에 열정 있는 사람이 필요했는데, 그 사람이 딱 기회를 잡았다고 하더라. 우리 아들은 영어도 잘하고, 글쓰기도 잘하지 않니?"

축구 선수라는 직업 외에 축구와 관련 있는 직업을 안내해 주면, 아이들은 자신이 관심 분야를 살리면서 잘할 수도 있다는 사실에 설레여 할 수 있다.

아이들이 좋아하는 것이 있을 때, 긍정적이고 적극적으로 아이의 꿈에 대해 가이드해 줄 수 있어야 한다. 부모의 기준으로 무조건 아이가 원하는 것을 막으면 다시는 아이와 꿈에 대해 진지하게 이야기를 나눌 수가 없다.

만약, 부모가 아무리 이런 이야기를 들려줘도 아이에게 통하지 않는다면 전문가를 찾아가는 것도 한 가지 방법이다. 어떤 아이들은 똑같은 이야기라도 부모가 하면 자신의 꿈을 방해하는 것으로 오해하기 때문이다.

축구 클럽의 선생님이 "소질이 아예 없지는 않다. 하지만 축구 천재는 아니야. 학과 공부도 열심히 해야 나중에 다른 선택을 할 때 후회하지 않는다."라고 얘기해 주면 부모가 말할 때보다 아이들은 잘 받아들인다.

4) 적성 구조 파악하기

아이가 좋아하는 것과 잘하는 것을 파악하려면 적성 구조를 알아야만 한다.

적성 구조란 아이들이 가지고 있는 능력 구성이다. 즉 아이들마다 모두 100%라는 능력을 가지고 있지만 그 구성은 모두 다르다. 예를 들어, 어떤 아이가 학업 능력 90%에 사회성 10%의 적성 구조를 가지고 있다면, 또 다른 아이는 사회성이 90%에 학업 능력이 10%인 적성 구조를 가지고 있다는 것이다. 하지만 아쉽게도 우리나라 교육에서는 적성을 따지지 않고 단 한 가지 능력, 공부만으로 줄을 세운다. 그러나 제대로 진로교육을 하기 위해서는 적성 구조에 대해 이해하는 것이 필요하다.

여기 다른 적성 구조를 가진 다섯 부류의 아이들이 있다고 가정해 보자.

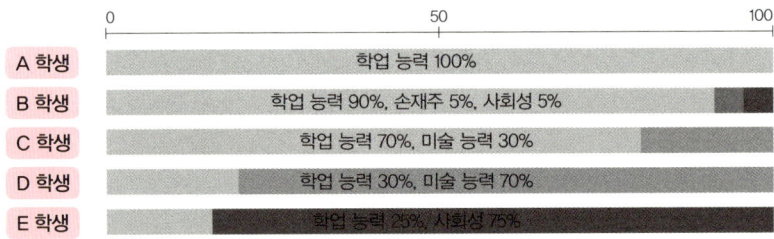

한 가지 능력은 다른 학생과 비교할 수도 있으나 전체적인 능력은 서로 다 구조가 다르므로 비교할 문제가 아니다. 어떤 구조를 가지고 있는지 파악하기 위해 노력하는 것이 중요하다.

A 학생은 학업 능력이 100%로, 그야말로 공부를 잘하는 아이이다. 아이들이 가장 싫어하는 '엄마 친구 아들'이자, 중·고등학교 때 모두에게 인정받는 아이들이 이 부류에 속한다. 머리도 좋고 성실하다는 인정을 받으며 중·고등학교 시절을 행복하게 보내는 아이들은 그러한 학업 능력을 살려 학자나 교수, 연구원이 되면 좋다.

하지만 여기서 잠깐 생각해 볼 것이 있다. 이 아이들을 우리는 성실한 아이들이라고 지나치게 과대평가하는 것은 아닌가 하는 점이다. 원래 공부가 적성인 아이가 전교 1등을 할 때의 노력보다 공부 능력이 조금 부족한 아이가 반에서 10등을 하기 위해 한 능력이 더 클 수 있다.

그럼에도 불구하고 어른들은 성적순으로 1등이면 노력한 아이, 10등이면 상대적으로 노력을 덜한 아이라고 여긴다. 우리 사회는 중·고등학교 시절, 너무 과하게 A 학생 부류를 인정해 주는 경향이 있다. 그 학생이 자신의 능력을 공부라는 분야에서 100% 펼치고 있기 때문에 멋있어 보이는 것이다. 다른 아이들도 자신의 적성에 딱 맞는 분야에서 활동하게 되면 인정받을 수 있다는 사실을 우리는 잘 모른다.

자신의 분야에서 뛰어난 교수를 사적인 자리에서 보면, 패션 감각도 별로이고, 집에 가서 못질도 못할 것 같은 느낌을 주는 분들이 있다. 그런데 그 교수님을 대학에서 보면 너무나 멋있다. 대학원생들에게 연구 주제를 내주고, 학회에서 발표하는 모습을 보면 그렇게 멋질 수 없다. 교수님이 자신의 역량을 발휘할 수 있는 곳에 서 있기 때문이다.

B 학생은 학업 능력이 90%이고, 5%의 손재주와 5%의 사회성을 가진

아이이다. B 학생은 의사가 되면 명의가 될 수 있는 아이이다. 의사라는 직업은 늘 환자를 만나야 하기 때문에 사회성이 반드시 필요하고 손재주도 무척 중요하다.

앞에서도 말했듯이 진로 상담을 하다 보면 의외로 이렇게 말하는 부모들이 많다.

"우리 아이는 사회성이 없지만 공부는 잘하니 의대 나와서 동네에서 병원을 열면 평생 걱정 없이 살 수 있을 것 같아요."

이런 시나리오는 의사가 귀했던 부모 세대에나 가능했던 말이다. 의사가 사회성이 있으면 같은 감기 환자라도 달리 보인다. '이번에는 어떤 증상일까?' 호기심이 생기고, 환자가 고맙다고 말해 주면 다른 사람에게 도움을 준 것에 대해 큰 보람과 만족을 느끼게 된다.

반면, 사회성이 없는 사람이 의사가 되면 늘 비슷비슷한 감기 환자를 만나는 하루하루가 지루하게 느껴질 수밖에 없다. 요즘 환자들은 병원 한 번 갈 때도 인터넷 검색으로 그 병원의 별점부터 챙긴다. 병원도 서비스 정신이 있어야 환자들이 찾아 주는 세상인 것이다.

의사는 의학이라는 어려운 공부할 수 있는 학업 능력도 필요하지만, 환자들을 치료하는 실무에 있어서는 손재주도 중요하다. 의대생들이 쿠션을 칼로 찌르고 꿰매는 연습을 하는 이유가 바로 이러한 능력을 키우기 위해서이다.

만약 A 학생이 부모의 바람 때문에 의사가 된다면 늘 새로운 것을 연구하고 공부하고 싶어 하는 A 학생은 재미가 없고, 보람을 못 느낀다.

그럼에도 불구하고 우리나라는 A 학생이 의대를 많이 가기 때문에, B 학생이 의대에 가지 못한다. 그래서 좋은 학자를 잃고, 좋은 의사도 잃고 있는 것이다. 사실 이런 점을 보완하려고 의학 전문 대학원을 만들었다. A 학생에게는 이렇게 충고할 수 있다.

"너희가 적성과 상관없이 부모님 권유로 자꾸 의대, 의대 하는데 너희들은 실제 공부할 아이들이다. 그런데 고등학교 때에는 제대로 된 공부를 못해 봤으니 대학에서 순수 과학을 공부해 봐라. 물리, 화학, 지구과학 같은 학문을 대학에서 공부해 보고도, 정 의대에 가야겠거든, 그때 대학원 과정으로 의대를 가라."

반면 B 학생에게는 이렇게 말할 수 있다.

"너희들이 명의가 될 아이들인데 A 학생 때문에 의대를 못 가니 너희들에게도 기회는 있다. 일단 성적에 맞는 대학에 간 후에 의학 전문 대학원에 진학해서 명의의 꿈을 이뤄라."

한편 C 학생은 학업 능력이 70%, 나머지 30%는 미술적 재능이 있는 아이다. 이 아이들은 중학교 때까지 미술에 재능을 보이고 공부도 어느 정도 하기 때문에 부모들이 고민을 많이 한다. 그래도 미술보다는 공부가 낫다는 생각에 미술을 포기하고 공부를 하게 된다. 우리 사회에서는 이 부류의 아이들이 상처를 많이 받는다. 공부를 아주 못하는 것은 아니지만, 아주 잘하는 것도 아니어서 부모들 관심의 유효 기간이 딱 고등학교 1학년 때까지이다. 1학년 때 성적이 잘 안 나오면, 슬슬 둘째 아이로 관심이 옮겨 간다. 게다가 둘째가 공부를 잘해서 "둘째는 이번에 반에서 1등

했다."라는 식의 이야기를 첫째에게 한다면 아이는 굉장히 상처를 받게 된다.

C 학생은 미술 재능이 30%나 있음에도 불구하고 학업 능력이 70%라는 이유로 인정을 못 받는 것이다. 공부도 잘하고 미술도 잘해야 한다는 것이 부모들의 생각이기 때문이다.

이런 아이들은 학업 능력이 70%이므로 고등학교 2학년 때까지는 학업 능력을 최대한 끌어올려야 한다. 미술 능력이 어느 정도 있기 때문에 고등학교 2학년 때부터는 대학에서 전공할 미술 관련 학과를 적극적으로 알아보아야 한다. 산업디자인, 건축디자인, 멀티미디어 디자인, 등 실기가 없거나, 실기를 조금 보는 곳이 의외로 많다. 오늘날 디자인이나 산업디자인 쪽은 점점 컴퓨터로 할 수 있는 부분이 늘어나기 때문에 미술 능력이 있으면서도 학습 능력이 어느 정도 있는 인재를 원하고 있다. C 학생은 자신의 학습 능력과 디자인 감각을 살릴 수 있는 학과로 진로를 정하고 준비한다면 만족하는 삶을 살아갈 수 있다.

또한 D 학생은 학업 능력이 30%, 미술 능력이 70%이다. 이 아이들을 키우는 것은 대한민국에서 너무 힘든 일이다. 부모들이 신앙의 힘으로 견디다가 집사님, 권사님 된다는 우스갯소리도 있을 정도이다. 한국 사회에서는 학업 능력이 부족한 아이를 키우는 게 그만큼 힘들다.

그런데 이것은 잘못된 시각이다. 학습 능력 말고 70%의 미술 능력이 있는데 부모는 그것을 보지 못하는 것이다. D 학생이 학업 능력이 30%밖에 없는 이유는 미술 능력이 70%로 매우 탁월하기 때문이다. 이 아이는 초등학생 시절부터 "그림 잘 그린다, 미대를 가라."라는 말을 들었을 확률이 높은 아이이다.

그런데 어렵게 자신이 좋아하는 미술을 배웠음에도 불구하고, 학원 강사, 교사 정도밖에 안 됐다는 이야기를 하기도 한다. 자신이 좋아하고 적성에 맞는 과에 갔지만 성과가 별로였다는 말이다. D 학생은 미대에 들어가는 순간부터 진로교육이 중요해진다. 이 아이들은 미술에 대한 능력이 높으나, 미술 능력 100%를 가진 아이들에 비해서는 순수 미술에서는 경쟁력이 떨어진다. 하지만 이 아이들에게는 30%의 학업 능력이 있다. 이 아이의 성향을 잘 살펴봐서 예술 경영, 예술 홍보, 예술 마케팅, 광고디자인, 예술 기획 등 다양한 분야에 자신의 능력을 펼칠 수 있게 진로교육을 해야 한다. 그럼에도 불구하고 부모들은 미대에 가면 '화가'라는 단순한 매칭만 하고, 진로교육을 하지 않아 안타깝게도 다양한 직업을 찾아가지 못하는 결과를 낳게 된다. 하지만 대학 이후 진로교육을 어떻게 하느냐에 따라 대학교수나 의사 부럽지 않은 삶을 살 수도 있는 아이들이 바로 이 부류의 아이들이다.

E 학생은 25%의 학업 능력과 75%의 사회성이 있다. 학교에서는 열등생일지 모르지만 이런 아이들을 우리는 '사회성 영재'라고 부른다. 그야말로 21세기 기업이 원하는 인재상, 바로 영업 귀재가 될 아이들이다.

이 아이는 일상에서 공부 빼고 다 괜찮은 아이이다. 시험 때가 아니면 사랑스러운 아이이다. 머리도 좋고 이야기도 잘하고, 타인에 대한 공감 능력도 뛰어나서 인기가 많다. 세상에 알아야 할 것이 너무 많고 공부 한 가지에 집중하기에는 너무 인생이 아깝다. 오지랖이 넓어서 세상에 재미난 사건을 많이 일으키는 아이이다.

부모는 이 훌륭한 아이가 초등학생 때는 똑똑한 줄 알았는데 중학교에 입학해 첫 시험을 보니 성적이 형편없이 나와 실망하여 이렇게 말한다.

"이놈아, 지금까지 너 하자는 대로 했더니 이 모양이다. 이제부터는 내 말대로 공부만 해!"

이러면서 공부를 위해 아이들을 학원으로 내몬다. 이런 아이는 사춘기가 되면 자신의 재능인 사회성이 더욱 꿈틀댄다. 사람들을 만나는 것이나 동아리에 가입하기를 좋아하는데, 부모는 학원, 공부 이야기만 한다.

이런 아이가 학원에 간다고 공부할 리가 없다. 학원에 가서도 공부보다는 자신의 사회성을 발휘하기 때문에 엄마의 눈에는 '학원 가서도 하라는 공부는 안 하고 노는구나.' 라고 보이기 십상이다. 그렇게 부모와 불화가 생기면 아이들은 나쁜 쪽으로 눈을 돌리기도 한다. 인간은 누구나 자신이 잘하고 좋아하는 일을 하고 싶기 마련이기 때문에 부모의 감시를 피해 나쁜 쪽에 발을 들여 돌이킬 수 없는 지경에 이를 수도 있다. 그렇게 사랑스럽던 아이가 이해할 수 없는 '문제아'로 바뀌는 것이다.

그렇다면 이런 아이는 공부만 강요하는 우리나라 현실에서 중·고등학교 시기를 어떻게 보내야 할까?

그림이 적성인 아이는 그림을 그리게 하고, 공부가 적성인 아이는 공부를 시키듯이 사회성 좋은 아이들은 사회성을 키워 줘야 한다. 사회성을 키우되 안전하게 사회성을 발휘하게 하는 것이 무엇보다 중요하다.

학교에서 동아리를 결정하라는 가정통신문이 오면 아이와 진지하게 상의해야 해야 한다. '우리 아이가 학교에서 어떤 동아리 활동을 하는 것이 재밌게 생활하면서 사회성을 키울 수 있을 것인가?'를 같이 이야기해야 한다. 나라에서 하는 청소년 단체에서 활동하거나 종교 단체에서 하는 봉사 활동에도 참여해 보는 등 바쁘게 사회성을 키울 수 있도록 해야 한다. 그래야 "와 바쁘네!"하면서 재밌게 학교 생활을 할 수 있다. 그러면 이 아이는 안전한 곳에서 또래들과 재밌고 의미 있게 중·고등학교 시절을 보내게 된다. 이렇게 사회성이 훈련되면 그때 나타나는 것이 리더십이다.

"그렇다면 공부는 아예 포기해야 하나요?"는 의문이 생긴다. 그러나 절대 그렇지 않다. 사회성이 좋은 아이들은 회화 중심의 외국어 교육을 시켜야 한다. 단어를 외우고 문법을 외우는 것이 아니라 회화 중심으로 외국어를 공부하면, 아이도 재미있게 공부할 수 있다. 영어, 중국어 등 외국어도 결국 언어다. 즉, 말로 표현하고 소통할 수 있어야 하는데, 이런 영역은 사회성 높은 아이들이 탁월할 가능성이 높다. 이 아이들은 고등학교 졸업할 때까지 외국어 회화를 어느 정도 하면서 사회성을 키워 건강한 리더십을 가진 아이들로 키워야 한다. 요즘에는 사회성이 좋은 아이들도 입학사정관제의 리더십 전형으로 평가를 할 수 있게 되었다. 하지만 학부모들은 이런 이야기를 여전히 남의 이야기로만 여긴다.

"아이가 꿈이 호텔리어인데요, 알아보니까 서울에 있는 4년제 대학 호텔경영학과 정도는 가 줘야겠더라고요. 역시 일단은 공부를 잘해야 하는 거더라고요."

호텔리어가 목표이고 아이를 대학에 보낼 생각이라면 국내 입학사정관제 전형에도 지원을 할 수가 있고, 명문 대학에 들어갈 돈으로 호텔의 본고장인 스위스로 보낼 수도 있다. 국내 4년제 대학에 보낼 예산이라면 스위스에서 공부하는 비용도 어느 정도 해결된다. 다만 유럽은 물가가 비싸기 때문에 4년제 대신 2년제 대학에 보내면 된다.

그리고 자신의 분야에서 경력과 능력을 갖춘 이후에 공부를 시작하면, 진짜 제대로 공부할 수 있다.

공부 안 하던 아이가 갑자기 스위스에 간다고 공부를 열심히 하기는 쉽지 않다. 아이들은 잘 변하지 않는다. 책상 앞에서 공부하라고 스위스 보내는 것이 아니라 거기서 열심히 사람들과 어울리면서, 자신이 좋아하는 것에 몸으로 부딪혀 보고, 자연스럽게 프랑스어와 영어에 능통한 아이가 되라는 것이다. 대학을 졸업하면 바로 귀국하지 않고 그 나라에서 근무해 보는 것이 좋다. 유럽에서는 직업에 귀천이 없으니 호텔에서 열심히 3년 정도 일하고, 한국에 들어오고 싶을 때 한국 지사나 가까운 아시아 쪽 체인에서 근무하는 것도 좋을 것이다. 꼭 호텔리어가 아니라 대기업 서비스 교육 인사팀, 헤드 헌팅회사 등에서도 일할 수 있다. 만약 한국 경제가 어려워졌을 때에도 싱가포르, 미국 등지에서 일할 수 있는 글로벌 안정성을 갖추고 있기 때문에 훨씬 유리하다.

학습 능력이 뛰어난 A, B 학생이 행복할지 학습 능력보다 사회성이 높은 E 학생이 행복할지는 아무도 모르는 일이다. 각자가 자신이 능력을 펼치는 곳에서 얼마나 노력했는지가 중요하지 공부라는 한 가지 길만으로 성공과 행복을 평가하면 안 된다.

  E 학생이 한국에서 계속 공부했을 때를 가정해 보자. E 학생은 계속 공부 못한다는 소리를 들어 자존감이 낮아진다. 당연히 수능 시험에서 좋은 점수를 내기는 쉽지 않다. 결국 전문대나 커트라인이 낮은 학교에서 점수에 맞는 학과에 입학하게 될 가능성이 크다. E 학생이 철들어서 부모에게 "나 편입할래요!"라고 하면 부모는 안쓰러운 마음에 노후 자금을 내서라도 아이가 원하는 편입을 도와준다. 편입해서 1년은 기분 좋게 학교에 다닌다. 그러다 3학년 끝날 때쯤이 되면 "요즘 취직하려면 다 어학연수 갔다 온대요." 하면서 또 1,500~2,000만 원이나 하는 어학연수 비용을 부모의 노후 자금에서 갖다쓴다. 그러나 어학연수를 다녀와도 영어가 잘 늘지 않는다. 어학연수 자체가 언어를 배우는 환경이 아니기 때문이다. 대학을 마치고 또 취업이 안 되면 "학벌이 낮아서 취업이 안 되나 봐요. 대학원 가야겠어요."하면서 조금 더 좋은 대학원으로 진학을 한다. 대학원 1년 다니고 "아무래도 영어를 더 해야 할 것 같아요. 이번에는 돈 안 들이고 워킹홀리데이라도 갔다 올게요."라고 말한다. 갔다 와서 영어는 조금 늘고, 석사 학위도 있지만 여전히 취업은 되지 않는다. 그 이유는 E 학생이가 자신에게 맞지 않는 A 학생의 길을 흉내만 내서, 결국 그 간격이 좁혀지지 않기 때문이다. 자신에게 맞는 길을 선택해 멋지게 살았을 수도 있을 텐데, 이런 안타까운 길을 선택하는 아이들이 많다.

  그러므로 아이의 적성 구조부터 제대로 파악해 보자. 공부를 열심히 시켜 보고 노력했는데 고등학교 1학년 때 성적이 반에서 중간 정도라면, 성적을 끌어올리려 하기 전에 아이의 나머지 반의 능력이 무엇인가 고민해 봐야 한다. 즉, 우리 아이의 적성이 발현되는 곳이 어딘지 고민해 봐야 한다. 이게 바로 적성 구조를 알아야 하는 이유이다.

혹시 '깨진 창문 효과'라고 알고 있는가? '깨진 창문 효과'는 깨진 창문을 수리하지 않으면 사람들이 자꾸 거기에 돌을 던져 더 큰 문제를 일으킨다는 법칙이다.

사람들은 깨진 창문을 보면 깨도 되나 보다 싶어 아무렇지 않게 돌을 던진다. 우리 사회는 공부 못하는 아이를 깨진 유리창으로 취급해 공부 못하는 아이는 큰 문제가 있는 것처럼 여긴다. 감싸 안아야 할 부모가 오히려 매일매일 아이를 깨진 유리창처럼 대하고 있다.

아이들도 어느 순간 사회나 부모의 시선에 감염돼 자신을 깨진 유리창으로 여기며 함부로 다룬다. 꿈꿀 에너지도 없이 무기력하게 변해간다. 실수를 하지 않기 위해서라도 내 아이의 적성 구조를 아는 것은 중요하다.

2. 꿈을 이루기 위해 진로 성숙도를 높여라

아이의 적성 구조를 파악했다면 그러한 적성 구조에 맞는 직업은 어떤 것이 있는지, 거기에 어떻게 도달할 수 있는지 알아야 한다. 그것이 바로 진로 성숙도이다.

진로 성숙도란, 아이가 자신의 꿈을 이루기 위해 어느 정도의 준비가 되어 있는지 태도, 관심, 정보 수준을 알아보는 것이다. 시간이 지날수록 얼마나 구체적으로 꿈을 꾸고 있는가를 통해 진로 성숙도를 알아볼 수 있다.

A, B 두 학생이 있다고 가정해 보자.

A 학생은 초등학생 때 꿈이 과학자, 중학교 때 꿈이 과학자, 고등학교 때 꿈도 과학자이다. 과학자라는 꿈이 일관되어 보이지만 사실은 진로 성숙도가 낮은 학생이라고 볼 수 있다.

B 학생은 초등학교 때의 꿈은 과학자, 중학교 때는 핵물리학자, 고등학생이 된 후에는 나중에 나사(NASA)에서 근무하고 싶어 한다. 같은 꿈이어도 시간이 지날수록 구체화된 B 학생은 A 학생에 비해 진로 성숙도가 높다고 볼 수 있다.

누구나 태어날 때는 종이처럼 새하얗다. 처음에는 종이 위에 아무것도 없다가 점점 구체적이고 선명하게 그림이 그려지는 것, 그것이 바로 진로 성숙도이다.

꿈이 과학자, 과학자, 과학자인 A 학생은 대학 3, 4학년이 되면 취업할지, 대학원에 진학할지 고민한다. 진로 성숙도가 낮기 때문에 자신의 계획에 따른 선택이 아닌 다른 사람들이 하는 선택 중 자신이 보기에 좋아 보이는 것을 따라가게 된다.

나사에서 근무하는 게 꿈인 B 학생은 대학에 입학해서 선배들에게 '나사에 근무하려면 유학을 가는 게 좋다.'는 조언을 듣는다. 그리고 유학을 가기 위해 1, 2학년 때 학점 관리를 하고 토플을 준비하고, 3, 4학년 때는 유학 가기 위해서 GRE를 공부하고, 교수 추천서를 받는다.

A 학생이 3학년이 되어 B 학생을 만나면 A학생은 '나도 유학이나 가 볼

까?'라며 귀가 팔랑거린다. 진로 성숙도가 낮아서 자기 설계도가 구체적이지 않기 때문에 불필요한 고민을 하게 되는 것이다. 이렇듯 진로 성숙도가 높으면 아이의 꿈이 구체화되고, 진로 성숙도가 낮으면 아이의 꿈은 그저 막연한 꿈에 그치고 만다.

그렇다면 진로 성숙도를 높이려면 무엇을 알아야 할까?

첫째, 우리나라의 각종 시험 제도, 자격증 제도를 알아야 한다. 중·고등학생 때에는 대학 입시나 전문직에 도달하는 시험에 대해 아는 것이 중요하다. 자녀가 목표 직업에 도달하기 위해 필요한 과정이 무엇이고, 이를 위해 어떻게 노력해 나가야 할지를 알기 위해서는 어떤 시험을 치고, 어떤 자격증을 따야 하는지 알아야 구체적이고 현실적인 진로 설계가 가능해진다.

둘째, 학교와 학과를 아는 것이 중요하다. 어떤 학과가 있는지, 그 학과에서 무엇을 배우고, 그 학과를 나오면 어떤 경로로 사회에 진출하는지 알아야 한다.

사실 많은 사람들이 학과에 대해 잘 알지 못한다. 심지어 무기재료공학과가 무기 만드는 곳으로 알았다는 우스갯소리도 있다. 화학을 좋아해서 화학공학과에 간다고 하는 사람들도 의외로 많다. 이는 화학공학과가 어떤 학과인지 잘 모르고 하는 이야기이다. 화학공학과는 화학을 응용한 학과라기보다는 공정수율을 올리기 위해 화학 공정을 기계적·물리적으로 연구하는 학과이다. 화학공학과에 입학한 후에 '이런 공부를 하는 데인 줄 몰랐다.'고 해 봐야 자신만 손해이다. 그렇다면 생물학과, 분자생물, 미생물학과의 차이는 아는가? 생물보다 작은 게 미생물, 그보다 작은 게 분자일 거라고 추측하면서 '너는 꼼꼼하니까 분자공학과에 가라.'고 했다는 웃지 못할 이야기도 전해 온다.

초등학교 때부터 명문대에 가라는 말을 들어 왔지만 어느 과에서 어떤 공부를 하는지는 아무도 이야기해 주지 않기 때문에 이런 현상이 생긴다. 학교에서 아이들의 진학 지도를 하는 선생님들도 학과를 잘 모르기는 마찬가지이다.

그래서 대학교는 이름을 바꾸는 전략을 사용한다. 재료공학과가 인기가 없으면, 조금 더 그럴 듯해 보이는 신소재공학과, 신소재시스템공학과라고 이름을 바꾼다. 커리큘럼도 똑같고, 교수님 똑같은데 이름만 바꿔어 혼란만 더해진다. 이제는 이름보다는 본질에 대한 이해가 필요하다.

학과에 대해 100% 아는 것은 힘들겠지만, 작은 노력부터 시작해 보자. 일단 대학교 홈페이지나 관련 책을 찾아보고, 주변에 전공자가 있다면 찾아가 상담해 봐야 한다.

자신의 점수로 갈 수 있는 대학을 먼저 정하고 점수에 맞춰서 학과를 결정하면, 대학 입학 이후에 거의 재앙 수준의 문제가 생긴다. 실제로 많은 대학생들이 학과가 자신의 성향과 맞지 않아 대학에 가서 엄청나게 방황을 한다. 학생 자신도 시간과 에너지를 낭비하게 되며, 사회적으로도 엄청난 손해일 뿐 아니라, 재수하고, 편입하는 엄청난 비용 또한 부모가 고스란히 떠안게 된다.

셋째, 직업의 종류에 대해 알아야 한다. 얼마나 다양한 직업들이 있으며 어떤 직업이 무슨 일을 하는지 구체적으로 알아야 한다. 드라마나 영화에서 보여지는 것이 전부가 아니다. 세상에는 엄청나게 다양한 직업이 있기 때문에, 직업에 대해 나와 있는 책들을 읽어 보거나, 평소에 신문이나 잡지 등을 통해 직업 세계에 관심을 가져야 한다.

넷째, 목표 직업에 도달하는 경로를 알아야 한다. 시험과 학과, 직업은 도달 경로로 묶여 있다.

예를 들어 아이의 꿈이 외교관이라고 가정해 보자. 요즘에는 외무고시를 통해 외교관이 되지만, 자녀들이 외교관이 되려고 할 때에는 국립외교원에 들어가야 한다. 많은 인원을 뽑지 않는 어려운 시험이라는 것은 변함이 없다. 학과를 따지지는 않지만 통계적으로 영문학과나 정치외교학과 아이들이 많이 지원한다.

아이가 중학생이 되어서 학습 능력이 좋고, 경쟁적인 환경에 잘 적응한다면 외고나 국제고를 가는 것도 좋을 것이다. 성적이 좋은 편이지만 순발력이 부족하고, 경쟁을 싫어하면 무리해서 특목고에 가기보다는 인문계고에 가면 된다. 거리가 비슷한 곳에 두 개의 인문계 고등학교가 있는데, 한 곳은 과학 중점고, 다른 곳은 외국어 선도 학교라면 당연히 외국어 선도 학교를 선택해야 한다. 고등학교에 입학해서도 문과를 선택하고, 어문 계열 학과나 국제 관련 학과를 목표로 공부를 해야 한다.

이런 설계도가 나오려면 앞에 언급한 시험 제도, 학교, 직업, 도달 경로를 모두 알고 있어야 한다. 이 설계도를 그렸다면 입학사정관제 준비도 어렵지 않게 할 수 있다. 외교관이 꿈인 아이라면 영어, 봉사 활동, 관련 분야 독서, 중간고사에는 영어, 사회 과목에 신경 써서 좋은 점수를 내야 하며, 제2

외국어도 선택해야 한다.

결국 진로 성숙도가 높아야 아이가 열정을 갖고 자신의 꿈을 이루기 위해 앞으로 나아갈 수 있다.

1) 진로 성숙도와 학습 능력의 관계

대부분의 부모들은 중·고등학교 시절에 구체적으로 꿈을 꾸게 하기보다는 점수 1점 높이기만 강요한다.

진로 성숙도가 높다고 공부를 잘하는 것이 아니고, 진로 성숙도가 낮다고 공부를 못하는 것이 아니다. 그렇다면 둘은 어떤 관련이 있을까?

여기 A, B 두 학생이 있다. A 학생의 경우, 공부는 무척 잘해서 상위 4%에 해당하는 반면, 진로는 전체의 25% 정도로 성적에 비해 상대적으

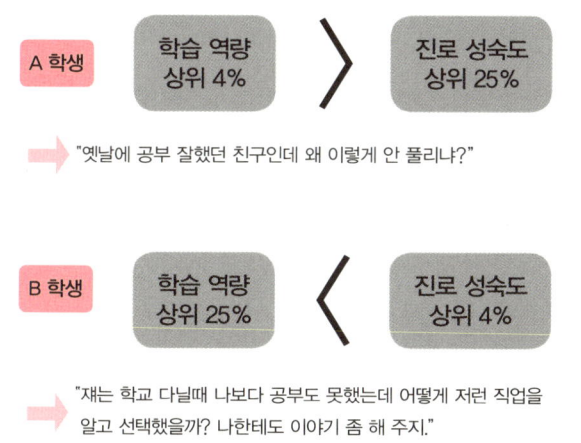

로 낮다. 공부는 잘하지만 그에 비해 진로 성숙도가 낮은 편이다. A 학생은 사회 나와서 능력에 비해 과거의 길을 갈 확률이 높다. 나중에 동창회 나가서 "옛날에 공부 잘했던 친구인데 왜 이렇게 안 풀리냐?"라는 말을 듣는 경우이다. 명문대만 가면 다 해결된다고 생각하고 진로에 대해 고민하지 않아, 결국 능력을 제대로 발휘하지도 못하고, 인생에 대한 만족도도 의외로 낮을 수 있다. 이러한 경우 다시 진로를 바꾸려면, 시간과 돈을 많이 써야 하기 때문에 성공하기 쉽지 않다.

B 학생의 경우, 내신은 상위 25%이지만 진로는 상위 4%로 내신 성적에 비해 상대적으로 진로 성숙도가 높다. 즉 공부는 조금 부족하지만 자신의 꿈에 맞게 시험 제도와 목표 도달 경로를 잘 선택해서 원하는 일을 하며 행복해지는 경우이다. 동창회에 가면 "저 친구는 학교 다닐 때는 나보다 공부도 못했는데 어떻게 저런 직업을 알고 선택했을까? 나한테도 이야기 좀 해 주지."라는 주위의 부러움을 한 몸에 받는다.

즉, 진로 성숙도와 공부는 별개라는 말이다. 그러므로 이제는 공부, 공부만 강요할 것이 아니라, 진로 성숙도를 높이는 데 신경을 써야 한다. 그래야 공부 잘하면 잘하는 대로 더 많은 기회를 갖게 되고, 공부를 못해도 자신만의 길을 찾아갈 수 있다.

진로교육을 하는 사람들이 진로 성숙도 높이는 데 온 힘을 다 쏟는 이유는, 진로 성숙도는 노력과 교육에 의해서 향상시킬 수 있기 때문이다. 또한 진로 성숙도가 높으면 아이가 원하는 일을 하면서 행복하게 살 가능성도 높아진다.

학습 능력의 영향이 아니라면, 진로 성숙도는 왜 아이들마다 차이가 날까? 그 답은 '부모의 정보력' 차이이다. 아이들은 부모의 눈을 통해 세상을 본다. 부모가 얼만큼 보여주느냐가 자녀의 진로 성숙도에 큰 영향을 준다.

사람들은 이제 더 이상 개천에서 용이 나지 않는다고 말한다. 그 이유는 부모의 영향력이 과거보다 더 커졌기 때문이다. 얼마 전 한국보건사회연구원리포트에서 아버지의 사회경제적 지위(SES, The Social and economic status of parents)와 소득이 자녀에게 미치는 영향을 조사했다. 조사 결과, 우리나라는 윗세대에 비해 20, 30대에게 부모의 영향력이 컸다. 부모의 SES에 따라 자녀의 삶도 결정된 것이다. 이게 부모님의 정보력 차이이다. 부모님의 정보력은 세상의 옵션에 대한 정보력이다. '부모 세대에는 없었던 것인데 아이들 세대에는 어떤 기회가 있겠는가?' 하는 것을 제시해 줄 수 있어야 한다.

A, B 두 학생이 있다고 가정해 보자.

A 학생은 지방에서 살며 어려운 형편에서도 열심히 공부해서 서울대에 입학한 학생이다. 똑같이 서울대에 입학한 B 학생은 강남에 살고 부모가 전문직에 종사한다. 옛날에는 서울대에 입학하는 순간 둘 다 똑같은 '용'이라고 봤지만, 지금은 고학력 세상이다. 서울대에 같이 들어왔지만 일단 용이 될지 아닐지는 지켜보자는 세상인 것이다. 4학년이 돼서 취업하려면 옛날에는 A, B 학생 모두 정보량이 거의 똑같았다. 직업이 몇 개 없고, 정보 자체가 별로 없었기 때문이다. 하지만 요즘은 취업할 때가 되면 둘의

운명은 많이 바뀌게 된다.

A 학생은 "학자금 대출도 두 번 받았고, 공부는 나중에 해도 되니 이제 취업할게요."라고 말하는 기특한 학생이다. 부모에게 "어느 회사 취직할까요?"라고 물으면 부모들은 국내 대기업 1, 2, 3위를 권한다. 부모가 살던 시대의 답을 들려주는 것이다. 아이는 부모를 통해 세상을 보니 이 중 한 회사에 취업할 확률이 높다.

B 학생은 국내 대기업뿐 아니라 아버지가 다니는 회사를 포함한 보통 사람들은 들어본 적도 없는 외국계 회사들을 고려한다. 이들 회사는 글로벌 기업들로 우리나라의 웬만한 대기업보다 높은 매출을 자랑한다. 일반적으로 널리 알려져 있지는 않지만, 있는 집은 다 아는 회사들인 것이다.

몇몇 국내 대기업밖에 모르는 상태에서 그곳을 선택한 사람과 이런 여러 회사를 아는 상태에서 옵션을 고려하여 선택한 사람은 같은 것을 선택하더라도 여러 가지 측면에서 차이가 난다. 이게 바로 부모의 정보력 차이이다. 극단적인 비교이기는 하지만, 부모의 정보력이 이렇게 큰 차이를 가져온다.

부모들은 어느 학원이 좋은지, 어느 학원이 서울대에 많이 보내는지 그것만이 정보력이라고 생각한다. 하지만 좀 더 넓은 시야로 정보를 얻는 것이 중요하다.

2) 진로 성숙도를 높이는 방법

부모 자신이 능력이 없다고 비관할 필요는 절대 없다. 아이의 진로 성숙도를 높이는 방법은 의외로 아주 가까운 곳에 있다. 부모가 아이의 진로 성숙도를 높일 수 있는 좋은 방법은 뉴스, 신문의 사회·경제기사를 꼼꼼히 읽는 것이다. 신문기사나 방송을 볼 때마다 그 속에 진로 정보가 있고, 우리 아이의 미래가 있다는 생각으로 봐야 한다.

임신하면 임산부만 보이고, 차를 살 때는 차만 보이는 원리와 같다. 세상이 보는 관점에 따라 다르게 보이는 것이다. 사회·경제기사지만 그 안에는 아이의 진로가 숨어 있다. 예를 들면 얼마 전, 신문에 은행권에서 수학과 출신을 많이 뽑는다는 기사가 났다. 예전에는 은행권에서 상경계 출신을 뽑았지만 점점 금융 상품이 복잡해지니 수학과를 졸업한 인재들이 많이 필요해진 것이다.

이런 기사를 보면 '우리 아이가 수학을 좋아하니 이과 가서 수학과를 선택하면 전통적인 이과 분야를 노리면서, 금융 쪽으로 갈 수도 있겠구나.'라고 생각할 수 있어야 한다.

또한 신문의 인터뷰 기사, 뜨고 있는 직업에 관한 이야기를 통해 직업에 도달하기까지의 경로를 아는 것도 도움이 된다.

한 예로 세계적인 자동차 회사인 메르세데스-벤츠의 미국 지사에서 핵심적인 디자이너이자 책임자로 일하고 있는 사람은 한국인이다. 사회면에 나온 그의 인터뷰 기사를 보면 그가 어떤 학교를 거쳐서 자동차 디자이너가 되었는지, 언어 장벽은 어떻게 극복했는지 등이 상세히 나와 있다.

이런 기사를 보면서 '우리 아이도 미술적 감각이 있고 차를 좋아하는데 나중에 이런 학교에 진학하면 도움이 되겠구나.'라고 생각할 수 있어야 한다. 별 관심이 없다면 그냥 넘어가게 되지만 조금만 관심을 가지면 새로운 것이 보인다.

한 일본 대학의 총장 인터뷰가 어느 일간지에 실렸다. 그 대학이 실력 있는 한국인 아이들을 많이 뽑아 기사가 난 것이다. 영어로만 수업하는 그 대학의 국제학부에서는 영어를 잘하고 똑똑한 한국 아이들을 뽑고 싶어 한다. 글로벌한 인재가 되기를 꿈꾼다면, 국내 대학 입학만 생각할 것이 아니라, 세계적으로 대학 순위가 높은 외국 대학에 입학하는 것도 좋은 방법이다. 그러면 아이의 진로가 한결 넓어지게 된다. 이런 내용을 아이와 함께 읽고 이야기하면 아이의 진로 성숙도가 높아진다. 진로 성숙도가 높아지면 꿈이 생기고, 그 꿈이 구체화된다.

그리고 책은 남의 이야기를 간접 경험을 통해 접하는 것이므로 책을 통해 진로 성숙도를 높이는 것도 좋다. 책은 신문 기사보다 내용이 많고 깊이가 있기 때문에 더 구체적인 직업 정보를 줄 수 있다.

더불어 멘토를 만나는 것도 진로 성숙도를 높이는 매우 좋은 방법이다. 단, 한 사람의 이야기만 듣고 그것이 전부인 양 생각하면 안 된다. 멘토 역시 사람이기 때문에 늘 객관적일 수는 없다. 그리고 멘토들의 축적된 경험을 듣고 자신의 것으로 객관화하는 것이 무척 중요하다.

어느 초등학교에서 학부모가 자신의 직업에 대해 이야기하는 시간이 있었다. 직업이 변호사인 학부모가 굉장히 강연을 잘하자, 많은 아이들이 꿈을 변호사로 바꾸었다. 하지만 다음 강연에서는 반대 현상이 일어났다. 의사인 학부모가 강연을 못해서 아이들이 의사를 선호하지 않은 것이다.

극단적인 예이긴 하지만 멘토의 조언이 아이들을 바꿀 수도 있다. 그러므로 다양한 멘토의 이야기를 들어보는 것이 좋다. 또 멘토의 이야기가 그저 이야기로 그칠 가능성도 있다. 아무리 좋은 이야기도 듣기만 한다면 소용이 없다. 자기화해서 하나라도 실행에 옮기는 것이 무엇보다 중요하다.

3. 미래 사회 트렌드에 필요한 능력

진로 설계는 아이들이 사회에 나갈 시점에 맞춰서 해야 한다. 초등학생은 15~20년 뒤, 중학생은 10~15년 뒤, 고등학생은 7~10년 뒤면 사회에 나가게 된다. 그러므로 현재 유망한 직업보다는 아이들이 사회에 나갈 때 어떤 직업을 갖는 것이 좋을지 알 필요가 있다.

우리 사회는 유난히 빠르게 발전했다. 몇 년 전만 돌아봐도, 현기증이 날 정도로 변화가 빠르다. 그럼 아이들이 사회에 나가는 시점을 15년 뒤라고 하고 지금으로부터 15년 전으로 거슬러 가 보자.

휴대 전화의 발달을 예로 들어보자.

지금으로부터 약 15년 전에는 최고급 휴대 전화가 200만 원을 넘었고, 적어도 100만 원 정도는 줘야 살 수 있었다. 휴대 전화 무게는 1kg, 크기는 빨간 벽돌만 했다. 텔레비전에서 휴대 전화 배터리가 8시간 만에 쾌속 충전되고 3시간 동안 자유롭게 사용된다고 광고하던 시절이었다.

15년이 흐른 지금, 아이폰이나 갤럭시와 같은 스마트폰에는 그 당시로는 상상할 수 없는 기능들이 가득하다. 아이폰이 등장하면서 mp3, 네비

게이션, 녹음기 등이 점점 사라져 가고 있다.

진로 설계도 마찬가지다. 지금은 좋아 보이는 길이지만 사회는 끊임없이 발달하고 있기 때문에 자녀들이 사회에 진출할 때도 그 길이 좋은 길인지는 100% 정확하게 예측할 수 없다.

단, 하나 분명한 것이 있다. 미래의 유망 직업이 지금처럼 공부만 강요해서 얻어지는 것은 아니라는 사실이다. 아이가 두각을 보이는 능력과 흥미를 바탕으로, 앞으로 살아갈 미래 세상의 트렌드를 알아보면 우리 아이가 갖춰야 할 능력이 무엇인지 예측할 수 있을 것이다.

1) 글로벌 시대, 외국어 능력이 필요하다

첫째, 21세기 트렌드는 글로벌화이다. 세상이 훨씬 더 글로벌화 되면, 외국어 능력이 더욱 중요해질 것이다. 그러나 그 외국어가 반드시 영어일 필요는 없다. 아이가 관심이 있는 문화권의 언어를 완벽하게 습득하면 된다.

소말리아 해적 재판을 예로 들어 보자. 소말리아 해적에 대한 재판을 진행해야 하는데, 대한민국 국적을 가진 사람 중에는 소말리아어를 하는 사람이 없었다. 그래서 우리말을 영어로 옮긴 후 다시 소말리아어로 말해야 했기 때문에 재판은 무척 오래 걸렸다. 만약 내 아이가 우리나라에서 유일하게 소말리아어를 할 수 있었다면 아마도 사회적으로 스타가 됐을 것이다. 신문에서 서로 인터뷰를 하고, 외무부의 별정직에 취직이 됐을지도 모른다.

외국어대학에서 베트남어를 전공한 유명 배우는 방송에서 아역 배우였다가 다시 배우를 한 이유가 취직이 안 돼서라고 우스갯소리를 한 적이 있다. 그만큼 당시에는 베트남어과 나와서는 할 일이 없었다. 당시만 해도 베트남과 교류가 없었기 때문이다. 하지만 지금은 이야기가 다르다. 유명 일간지에서 20대 국내 대기업을 대상으로 올해 최고의 신입사원을 뽑아 달라는 기획 기사가 있었는데, 한 대기업에서 최고의 신입사원으로 외국어대학 베트남어과 나온 여학생을 뽑았다.

유명 배우와 그 신입사원은 동문이지만 옛날에는 취직이 안 되던 과가 지금은 최고로 능력을 인정받는 학과로 달라졌다. 이제는 국내 시장보다 국외의 베트남, 캄보디아 등 신흥 시장이 중요하므로 대기업에서는 좋은 인재로 그 여학생을 뽑은 것이다.

예전에는 아랍어과 나온 학생들은 취직이 안 됐다. 아랍 문화권과 교류가 없었기 때문이다. 지금은 아랍이 우리나라 수출의 20% 정도를 차지하는 큰 시장이므로 아랍어를 잘하면 몸값이 어마어마하다. 10년 뒤면 아프리카의 작은 나라와도 활발한 교류를 할 것이 뻔하다. 그러므로 아이가 외국어에 관심이 있으면, 나라의 크기와 상관없이 한번 도전해 볼 만하다.

'우리 아이가 공부 못하는데 외국어를 잘할 수 있을까요?'라고 반문하는 부모들이 있다. 솔직히 말해 수학은 학습 능력과 관계가 깊다. 하지만 외국어 능력은 사회성이 좋아야 한다. 언어는 책상에서 배우는 것이 아니라 사람과 부딪히면서 배우는 것이기 때문이다.

학습 능력이 좋다고 무조건 외국어를 잘하는 것이 절대 아니다. 만일 학습 능력과 외국어 구사 능력이 정비례한다면 대한민국에서 외국어를 제일 잘할 사람들은 명문대 교수들이다. 하지만 명문대 교수들조차 해외에서 박사 학위를 받아 올 정도로 학습 능력이 있지만 자신의 생각을 학생들에게 자유롭게 전달할 만한 외국어 실력을 갖춘 교수들은 별로 없다. 그래서 아직도 대학 캠퍼스 내의 영어 상용화에 교수들도 부담을 느끼고 있는 것이다.

반면, 인천이나 부산에 가 보면 중국, 일본을 왔다 갔다 하며 보따리 장사하는 할머니들이 있다. 그분들은 언어를 전공하지는 않았지만 중국어, 일본어를 잘한다. 그건 학습 능력이 뛰어나서가 아니라 젊은 시절부터 양국을 왔다 갔다 하며 장사를 해 왔기 때문에 사회성이 뛰어나 언어를 습득하게 된 것이다. 해외 여행지에서 만나는 한국인 가이드도 마찬가지이다. 현지 언어와 영어를 모두 구사하는 가이드들은 사회성이 무척 뛰어나다.

이처럼 실제 영어회화는 소통 능력이므로 사회성 좋은 사람들이 잘한다. 공부 잘하는 아이들이 영어를 잘하는 것처럼 보이는 것은 영어 실력을 문법, 읽기 등의 학습 능력으로 판단하는 우리나라의 교육 시스템 때문일 뿐이다.

학습 능력은 약간 떨어지지만 사회성이 좋은 아이들은 외국어 관련 학과를 선택해서 언어를 선택하면 경쟁력을 가질 수 있다. 명문대로 갈수록 문학 쪽이고, 비명문대일수록 실용 쪽으로 초점이 맞춰져 있으니 성적이 낮아도 갈 수 있는 학과가 많다.

앞에서도 말했듯이 언어가 반드시 영어일 필요는 없다. 중국어, 스페인어, 프랑스어만을 고집할 이유도 없다. EBS 교육 방송은 절대 안 보면서 어릴 때부터 동물의 왕국을 열심히 보고 아프리카가 좋다는 학생이 있다. 이 부모는 "요즘은 대세가 중국인데 넌 하필 아프리카냐?" 하면서 아이의 선호를 무시할지도 모른다. 대세가 중국이라는 것과 아이의 행복은 도대체 무슨 상관인가? 대세가 중국이라는 것은 경쟁만 치열하다는 뜻이다.

이때 부모가 해 줘야 할 말은 꿈을 키울 수 있는 말이어야 한다.

"아들, 아빠 때는 아프리카 관련된 학과가 없었는데 지금은 꽤 많이 생긴 것 같더라. 우리 아들이 아프리카 관련된 학과를 전공해 보겠다면 아빠는 적극 찬성이다. 대학에서 공부하다가 남아프리카 공화국에 가서 공부도 해 보고 그러다 그곳에서 직업을 구할 수도 있다면 아프리카 분야의 전문가가 될 수도 있겠구나."

이런 말을 들은 아이는 가슴이 뛰고, 좋아하는 것에서 비전을 찾을 수가 있다.

어떤 나라말이든 상관없다. 아이가 좋아하는 언어를 선택해 대학 4년 동안 확실한 실력만 갖추면 된다. 중국어과가 유망하다고 점수에 맞춰 중어중문학과에 간 학생보다는 일본 만화가 좋아서 일본어과에 간 학생이 더 유리하다. 그 학생은 4년 뒤에는 완벽하게 일본어를 구사할 가능성이 더 크기 때문이다.

사회성이 좋고, 공부만 제외하면 다 괜찮은 아이가 있다고 가정해 보자. 다른 사람을 잘 도와주고, 학교 행사에도 열심히 참여하고, 동네 경조사까지 잘 챙기는 사회성이 좋은 아이가 있다.

공부는 못하지만 부모가 보기에 CEO 타입이라고 보여 점수대가 낮은 대학의 경영학과에 입학한다. 이는 경영학과를 잘 모르고 하는 선택이다. 하버드대학에는 경영학과가 없고, 경영 대학원이 있을 뿐이다. 경영은 학문이 아니라 기술이라고 보기 때문이다. 학부에서 학문으로 배울 것이 아니라 경영 실제에 필요한 것으로 생각하는 것이다. 경영학과는 사회에 필요한 제너럴리스트를 만들고자 한다. 경영학과를 졸업한 사람은 사회에서 봤을 때 얇고 넓게 많이 아는 사람, 즉 박학다식한 사람이라고 본다. 박학다식함은 평가하기가 힘들기 때문에, 기업에서 경영학과 학생을 뽑을 때는 학벌을 중요시 여긴다. 그러니 명문대 학생들을 많이 뽑을 수밖에 없다. 그래서 아이의 성향이 CEO에 적당하다고 지방 대학의 경영학과에 가 봐야 취업하기만 힘들다. 같은 경영학과라면 명문대 나온 아이가 더 박학다식하다고 보기 때문에 비명문대 경영학과 학생에게까지는 취업의 기회가 돌아가지 않을 확률이 높다.

만약 아이가 베트남에 관심이 있다면, 베트남어과에 가는 것도 좋다. 1, 2학년 때부터 베트남의 자매학교와 교류하고 연수도 다녀온다면 베트남어에 능통하게 된다. 명문대 출신은 아니지만 베트남어라는 무기가 있기 때문에 그 아이는 스페셜리스트가 된다.

대학 입학 성적이 상대적으로 낮았더라도 자신의 분야에 능력을 갖춘 스페셜리스트가 되어 졸업한다면, 경쟁력 있는 인재로 평가받을 수 있다.

그런데 지방 대학 경영학과에 가면 그 아이가 뭘 잘하는지 평가하기가 힘들어져서 그런 기회마저 놓치게 된다.

순위가 낮은 학교의 경영학과에 가면 이도저도 아니지만, 순위가 낮지만 자신이 좋아하는 학과에서 실력을 쌓아 스페셜리스트가 된다면 그 아이의 미래는 밝다.

성적이 좋다면 경영학과에 진학하는 것이 좋을 수도 있지만, 성적이 좋지 않다면 특별한 무기가 될 수 있는 학과를 선택해 실력을 쌓아 그 분야의 스페셜리스트가 되는 것을 고려해 보자.

2) IT 분야의 발전, 프로그래밍 능력이 필요하다

IT 분야의 중요성이 커지면서, IT 인력에 대한 수요는 커졌으나 공급은 원활하지 않다. 이공계 기피 현상 탓으로 우리 사회에는 IT 기술을 지속적으로 발전시킬 인재들이 부족한 게 현실이다. 특히 이공계 안에서도 제너럴리스트는 많은데, 컴퓨터 프로그래밍을 하는 스페셜리스트가 부족하다.

예를 들어, 현재 스마트폰용 프로그램을 개발하는 인재의 수요는 커졌으나 인재 구하기가 힘들다. 그러니 당연히 급여가 높다. 지금은 공업고등학교를 나와서 전문대에서 기술을 익히고, 일찍 눈을 뜬 인재들이 이 분야에서 활약하고 있다.

IT 분야는 학력의 영향이 적은 대표적인 분야에 해당한다. 그러므로 공부가 조금 부족하지만 컴퓨터에 관심이 있는 아이들은 프로그래밍을 직접 배우는 학과를 선택해서 진학하는 게 유리하다.

고등학생을 둔 부모 대상 강연회에서 반드시 하는 말이 있다. 고등학교

남학생 중에서 게임 중독에 빠진 아이라면 게임에서 빠져나오기가 쉽지 않다. 초등·중학생이라면 부모의 통제로 게임 중독에 빠지지 않게 할 수 있겠지만 고등학생이라면 차라리 아이와 진지하게 대화하라고 조언한다.

"우리 아들, 게임이 그렇게 좋으면 네 장기를 살려 컴퓨터 게임을 계발하는 학과로 진학하는 것은 어떻겠니? 그렇게 좋아하는데 평생 게임과 관련된 일을 하면 얼마나 행복하겠니? 그러려면 일단은 열심히 공부해야 한다."

물론 부모 입장에서는 이런 말을 하는 게 쉽지 않을 것이다. 하지만 아이를 다그치거나 포기하기보다는 현실적인 충고를 한다면 이 또한 바람직한 진로교육이 될 것이다. 그리고 프로그래밍 능력에 언어 능력까지 갖추면 전 세계에서 활약하는 인재가 될 수 있다.

3) 감성 중시 경향, 디자인 능력이 필요하다

우리나라의 1인당 소득 수준이 2만 달러를 넘은 지도 한참 되었다. 우리나라도 이제는 멋과 감성을 중시할 만큼 여유로워졌다고 볼 수 있다. 감성을 중시하는 사회는 디자인 능력이 있는 아이들이 빛을 본다.

매출 그래프의 하향 곡선을 그리던 기아차의 매출이 상승 곡선으로 바뀌게 된 계기도 '디자인'의 영향이 컸다. 더 빨리, 더 안전하게 만큼 '더 보기 좋게'가 사람들의 지갑을 여는 가치로 부상하게 된 것이다.

최근 국내에도 세련된 디자인의 건물들이 등장하기 시작했는데, 거의 대부분 외국 디자이너의 작품인 경우가 많다. 우리나라의 경우, 시공 개발 능력은 뛰어나지만 디자인 능력은 많이 부족해 외국에서 디자인 인력을 끌어오는 것이 현실이다.

우리도 건축디자인 분야의 역사가 오래된 것 같이 느끼지만, 사실 건축공학 분야에 한정되어 있었다. 건축학과와 건축공학과, 건축디자인학과는 모두 다르다. 건축디자인 분야는 그동안 미술을 중심으로 한 실기 중심 능력으로 인식해 왔다.

그런데 최근 미술 입시의 트렌드는 실기 시험이 사라지고 있다. 컴퓨터를 사용해 디자인하는 경우가 많기 때문에 단순히 미술 능력보다는 아이디어와 배치 능력, 공간 창출 능력을 중요시한다.

그러므로 예쁜 소품을 사서, 자기 방을 잘 꾸미거나 책상 정리를 잘 하거나, 휴대 전화 카메라로 구도가 좋은 사진을 찍을 수 있는 아이라면 디자인 감각이 있을 수 있다.

과거에는 그림을 못 그리면 미술 실력이나 미적 감각이 없는 것으로 평가되었지만 요즘에는 다르다. 컴퓨터로 표현해 낼 수 있기 때문에 미적 감각이 있다면 디자인 분야에 도전해 보는 것도 좋다. 다시 말해 디자인 분야는 수요가 많지만 공급은 부족한 분야이므로 디자인 능력이 있는 아이들이 인재가 되는 세상이 올 가능성이 크다.

4) 콘텐츠 산업의 부흥, 스토리텔링 능력이 필요하다

앞으로의 세상을 이끌 인재 중 하나는 콘텐츠 산업에서 일할 인재들이다. 콘텐츠 산업을 이끌 인재에게 요구하는 것은 스토리텔링 능력이다.

말 그대로 이야기를 잘 지어 내는 능력이다. 논리력과 감성을 잘 버무려 표현하는 스토리텔링 능력은 미래 세상에서 무척 중요한 능력이 될 것이다. 이미 이 스토리텔링 능력은 문화뿐 아니라 산업 전반에도 큰 영향을 미치고 있다.

가전 시장을 살펴봐도 스토리텔링 능력의 위력을 실감할 수 있다.

휴대 전화 시장의 제왕인 아이폰을 뜯어 보면 선명한 디스플레이를 자랑하는 부품은 LG가 납품했다. 핵심 칩은 삼성전자가, 메모리는 하이닉스가 납품하고 있다. 즉 개별 기능은 우리가 애플보다 뛰어나다는 증거이다. 그런데 애플의 아이폰이 더 잘 팔린다.

스마트 시대는 각 기능이 유기적인 스토리를 만들어 소비자에게 어떤 행복감을 주느냐가 중요하다. 그런데 여전히 대한민국은 기능 중심의 사고를 하고 있다.

애플은 스토리와 행복감을 중요시한다. 스마트 시대의 소비자들은 행복감을 주는 스토리에 거리낌 없이 자신의 지갑을 연다. 그래서인지 우리나라 휴대 전화 광고도 최근 많이 달라지고 있다. 몇 달 전까지만 해도 신제품은 몇 백만 화소인지, CPU가 얼마나 빠른지를 설명했다면, 이제는 이 제품을 사면 어떤 행복감을 느낄 수 있는지에 초점을 맞춰 광고를 하고 있다.

그야말로 가전 산업에도 스토리가 중요한 세상이 왔다. 스토리를 만들 수 있는 능력이 있는 아이라면 미래에 선택할 수 있는 진로가 무궁무진해진다.

그렇다면 스토리텔링 능력을 키우기 위해서는 어떻게 해야 할까?

스토리텔링 능력을 길러 내는 학과는 취직 안 되는 학과로 유명한 국문과, 철학과 등이다. 순수 인문학, 인문학이 스토리텔링 능력에 큰 영향을 미친다는 이야기이다. 이렇게 말해도 부모들은 믿지 못한다.

"아무리 그래도 철학과, 국문과 나오면 취직 안 된다는데 그 과에 갔다가는 나중에 먹고살 길이 없을 것 같아요."

이런 현상은 그야말로 철학과를 4년 다녀도 철학을 못하고, 국문과를 4년 다녀도 전혀 문학을 못하기 때문에 생긴다. 철학과에 입학할 때부터 철학이 좋아서 가야 하는데 점수가 안 돼서 가니 열심히 안 하고 4년 내내 딴 학과만 기웃거리게 된다.

철학을 제대로 공부해서 인문학적 소양을 쌓았거나, 국문학을 제대로 공부해서 스토리텔링 능력을 제대로 쌓았다면, 미래 사회에서 꼭 필요한 중요한 인재가 될 수 있다.

얼마 전 한 대기업이 '철학과 출신을 뽑아라!'는 입사 방침을 발표한 적이 있었다. 바로 스토리텔링 능력의 중요성을 산업 현장에서 몸으로 체험했기 때문일 것이다.

스토리텔링 능력은 콘텐츠 산업에도 큰 영향을 미칠 것이다. 우리나라가 K-pop으로 한류 열풍을 일으키고 있지만 그에 비해 드라마나 영화는 큰 성공을 거두지 못하고 있다. 우리만 공감할 수 있는 특정 경험이나 지엽적인 내용을 다루기 때문에 우리와 감성이 비슷한 동남아, 중국, 일본 등 아시아 지역에서만 성공을 거두고 있다. 우리 아이들이 살아갈 10~15

년 뒤에는 전 세계 사람들이 좋아할 만한 작품을 만들어 낼 수 있는 스토리텔링 능력이 대접받게 될 것이다.

우리나라는 영화 만드는 기법, 감성 자극하는 기법은 세계 최고라고 한다. 기술이 발달되어 있고, 감성적인 구성을 잘하기 때문에 예고편을 우리나라가 많이 만들고 있다는 것이다.

그런데 중요한 것은 본편을 제대로 못 만든다는 사실이다. 하나의 스토리를 탄탄하게 구성할 수 있는 인재가 부족하기 때문에 이러한 현상이 나타난다. 만약 아이가 순수 인문학을 좋아해 계열 학과로 진학한 다음 제대로 된 이야기꾼으로 성장하게 된다면, 굉장히 큰 경쟁력을 갖게 될 것이다.

15년 뒤 완벽한 인재는 위의 4가지 능력을 다 갖춘 사람이다. 외국어 능력, 프로그래밍 능력, 디자인 능력, 스토리텔링 능력을 모두 갖춘 사람이 있다면 아마도 서로 데려가려고 인재 전쟁이 일어날 것이 틀림없다. 하지만 아이에게 모든 능력을 희망할 필요는 없다. 4가지 중 2가지만 잘해도 아니, 하나만 잘해도 경쟁력은 충분하다.

문과에서는 경영대, 법학대 아니면 다른 학과는 없는 줄 알고, 이과에서는 의대나 전자공학과 아니면 낙후된 과인 줄 아는 것은 너무 위험한 발상이다. 아이들의 미래에 유망한 학과는 다른 게 아니다. 자신이 좋아서 선택한 학과에 가서 4년 동안 딴짓 안 하고 실력을 쌓아 또래에 비해 그쪽 분야에서 전문성을 갖춘다면, 사회에 나가서도 경쟁력 있는 미래의 인재가 될 것이다.

CHAPTER 6

진로교육, 단계별로 해야 한다

시기별 진로교육 실천 전략

진로 설계에 있어서 가장 중요한 시기는 언제일까? 초중고 모든 시기가 중요하지만 대입을 앞둔 고등학교 시절이 진로 설계에 있어서 가장 중요한 시기라고 볼 수 있다. 특히 고등학교 1학년은 대한민국에서 진로교육이 가장 중요한 시기이다. 1학년이 끝나기 전에 구체적인 진로 설계를 완성해야 자신이 목표로 한 학과에 입학할 수 있기 때문이다.

그런데 고등학교 1학년 때 학과 목표를 정하기 위해서는 중학교 때는 자신에게 맞는 계열 선택을 해야 하며, 초등학교 때는 어떤 분야를 좋아하는지를 알아야 한다. 즉, 초중고 모든 시기가 진로를 알아가는 무척 중요한 시기가 되는 것이다.

그렇다면 시기별로 어떻게 진로 지도를 해야 할지 더욱 구체적으로 알아보자.

1. 초등학생, 다양한 경험을 하라

초등학교 때는 학습 습관 9, 진로 1로 잡는 것이 바람직하다. 아직은 어리기 때문에 진로에 대해 결정을 내리기보다는 다양한 경험을 하면서 학습 습관과 생활 습관을 제대로 잡는 것이 무엇보다 중요하다. 시간 계획, 주변 정리, 공공질서 지키기, 책 읽기 등이 생활 속에서 자리 잡도록 신경을 써야 한다.

또한 다양한 체험 학습을 해 보는 것이 좋다. 아이가 어느 분야를 좋아하는지 살펴보는 것이 가장 중요하기 때문이다.

특히, 예체능 관련 적성은 초등학교 때 재능이 보이는 경우가 대부분이다. 아이가 예체능에 소질을 보인다면 관련 실기 전문가에게 보이는 것이 좋다. 예체능은 어릴 때부터 재능을 갈고닦을 필요가 있기 때문이다.

아이가 수학을 잘한다면 부모들은 아이가 이과 성향이라고 생각하는 경향이 있다. 수학을 잘한다는 것은 그저 아이의 학습 능력이 좋다는 것을 뜻할 수도 있다. 그러므로 수학을 잘하는 것으로 이과 성향이라고 판단하면 큰 문제가 생길 수 있다.

대부분의 부모들은 수학을 잘하면 영재 관련 교육을 시킨다. 어린 시절에 영재 관련 교육을 받다 보면 아이는 인문학적 자극이나 다양한 예체능 교육을 받지 못하게 된다. 만약 이 아이가 문과적 성향을 띤 아이라면 나중에 자신의 적성을 깨달으면서 많이 방황하게 된다. 그러므로 수학을 잘한다는 것은 아이의 학습 능력이 좋다는 정도로 받아들여야 한다.

초등학교 때는 아이의 진로를 어느 한 직업으로 한정하지 않도록 조심

해야 한다. 후천적 영향이 큰 흥미는 자극에 따라 바뀔 수 있기 때문이다. 그래서 저학년 때는 진로 적성 검사보다는 다양한 경험을 쌓는 것이 좋다. 아직 어리기에 검사 결과가 제대로 나오기 어려운 데다가 제한된 시각으로 아이를 바라보는 실수를 저지를 수 있기 때문이다.

고학년쯤 되면 진로 적성 검사를 해 볼 만하다. 물론 이때도 어리기 때문에 검사 결과를 바탕으로 진로 설계를 하는 데 어려움이 있으나, 이렇게 적성 검사를 시작해 매년 검사를 하면서 추이를 지켜보는 게 좋다. 아이의 관심 분야를 파악하고 이를 확인하는 정도로 활용해야 한다.

초등학교 때는 변화의 시기라는 것을 잊지 말자. 다양한 활동을 통해 꿈이 자꾸 바뀌는 것은 나쁜 것이 아니다. 오히려 한 가지 직업만 이야기하는 것이 바람직하지 않을 수 있다.

"우리 아이는 어릴 때부터 의사가 꿈이었어요."라고 말하며 좋아하는 부모들이 은근히 많다. 실제로 의사가 꿈인 아이도 있겠지만 대부분 부모들이 한 말을 들으며 자라서 아이의 머릿속에 "내 꿈은 의사야."라고 각인되었을 확률이 높다. 다양한 자극 없이 부모가 늘 말한 것이 그저 아이의 꿈이 되었을 뿐이다. 대부분의 경우 초등학생은 더 좋아 보이는 것을 이야기 해 주면 금방 꿈이 바뀌게 되어 있다. 초등학생일 때 꿈이 일관된다는 것은 자극이 없었다는 것이나 마찬가지이다.

문제는 초등학생 때 충분한 자극이 없이 미리 진로를 결정해 버리면 미련이 생기게 마련이다. 뒤늦게 자극을 받아도 부모가 못하게 하니까, 아이들은 미련이 남게 된다. 그러다 나이가 들어 자신의 목표에 매진해야 할 시기에 갑자기 하고 싶었던 일을 하겠다고 한다. 이런 경우는 너무 늦게 시작한 데다 소질도 없다면 방황하게 된다. 그러므로 초등학교 때는 무엇이든 다양하게 직접 해 보게 하고, 아이가 좋아하는 분야를 시켜 보는 것이 좋다. 초등학교 6학년 아이가 축구를 하겠다고 하면 대부분의 부모들은 말릴 생각부터 한다. 운동은 힘들다고 만류하거나, 축구에 대한 아이의 흥미를 축구 선수에만 한정지어 받아들인다. 하지만 아이가 정말 좋아한다면 다양한 길을 제시해 줘야 한다. 진짜 흥미인지 확인해 볼 기회를 주고, 진로교육을 통해 아이가 좋아하는 일에서 성공할 수 있는 길을 유도해야 한다. 부모가 가진 성공의 기준만으로 아이의 꿈을 막아서는 안 된다.

또한 초등학교 때는 위인전을 많이 읽는 것이 좋다. 아이들은 위인전을 읽으며 '다양한 분야가 있구나.' 하고 느끼게 된다. 은연 중에 아이들의 진로 성숙도가 높아지는 것이다. 위인전은 이미 검증받은 사람들의 이야기이므로 아이들의 올바른 직업 가치관을 형성하는 데도 큰 도움이 된다. 그렇지만 초등학교 시기는 가치관이 형성되지 않은 시기라 동시대를 사는 위인의 전기를 읽도록 하는 것은 주의해야 한다. 한때 황우석 박사의 전기를 초등학생에게 권했던 때가 있었지만, 곧 '황우석 사태'가 터지면서 아이들이 정서적 혼란을 겪었다. 이런 인물들의 위인전은 초등학교 이후에 읽히는 것이 바람직하다.

한편 부모들은 부모 교육을 많이 받아야 한다. 특히 초등학생 자녀를 둔 부모들은 거의 10여 년 간을 육아하느라, 혹은 경제적으로 자립하기 위해 분투하다 보니 의외로 사회와 단절된 경우가 많다. 그래서 부모 교육을 많이 받는 것이 바람직하다. 부모 교육을 받다 보면 내 아이의 진로에 대해 관심을 갖고 아이가 좋아하는 부분에 관심을 갖게 된다.

또한 부모들이 아이들과 사회에 대한 이야기를 많이 나누는 것이 좋다. "아빠가 신문 읽다가 이런 기사를 읽었는데, 아들은 어떻게 생각하니?"라고 물어보며 자연스럽게 대화를 나눈다.

초등학생 때는 직접 느낄 수 있도록 다양하게 보여 주고 느끼게 해 주는 것도 무척 중요하다. 아직 어리므로 공부만 강요하지 말고 과학관, 미술관, 한국 잡월드 등에 가 보고, 체험 프로그램을 많이 해 보도록 한다.

아이가 꿈 이야기를 할 때 편견 없이 받아 주는 것도 중요하다. 부모들은 아이가 초등학생인데 꿈이 택시 운전사라고 하면 "왜 좋은 꿈도 많은데 택시 운전사냐?"라며 화를 낸다. 단순히 운전이 신기해서, 혹은 자동차가 좋아서 그런 것뿐인데 부모가 화를 내면 아이는 직업에 편견을 갖게 된다. 초등학교 때 직업을 정한다고 그 직업을 갖게 되는 것이 아니니, 그 시기의 선호를 바탕으로 방향을 정하지 말아야 한다.

초등학생은 미래를 위해 무엇인가를 참을 수 있는 나이가 아니다. 지금 당장 좋아하는 것을 하면서 에너지를 얻는 시기이다. 그게 아이들이다. 그러므로 아이들이 좋아하는 것을 시키고, 그 속에서 꿈을 키워 나가도록 해야 한다.

2. 중학생, 좋아하는 것을 알고 계열을 정하라

중학교 때는 학습 습관 7, 진로 3의 비율로 신경을 써야 한다. 아직 어린 학생들인 만큼 학습 습관을 잘 잡는 것을 기본으로 하고, 진로에 대한 교육을 본격적으로 시켜야 하는 시기이다.

우리나라 교육 환경에서는 중학교 때가 진로를 정할 때 가장 중요한 선택의 시기라고 볼 수 있다. 고등학교 입학을 위해 큰 계열을 정해야 하기 때문이다. 어느 나라나 15세 즈음 진학할 학교를 선택할 때 분야를 나눈다. 우리나라는 크게 인문계고로 갈지, 직업을 갖기 위한 특성화 고등학교 갈지를 구분한다.

사실 계열은 수평적으로 나눠야 하는데, 우리나라는 수직적으로 나누려는 경향이 있다. 공부 잘하면 인문계고, 공부를 못하면 특성화 고등학교 가는 것이 당연하다는 식이다. 하지만 아이의 미래를 위해서는 이런 편견을 버리고 내 아이에게 맞는 계열을 선택해야 한다.

중학교를 졸업하기 전까지 큰 계열을 정할 수 있도록 진로교육이 되어야 한다. 계열은 이공계, 인문계, 농업, 상업, 미술, 음악, 체육, 공업 등이 있다. 이때 계열을 선택하는 기준은 성적이 아니라 자신의 꿈을 이루기 위해 어느 쪽이 도움이 될지 잘 생각해서 선택해야 한다.

얼마 전 모 농업고등학교에 강연회를 간 적이 있었다. 그 학교에 재학 중이던 여학생은 인문계 갈 성적이 충분히 되었지만, 농고에 가겠다고 했다. 부모는 펄쩍 뛰었지만 아이의 말이 일리가 있었다.

"엄마, 나는 인문계 갈 성적은 되지만 인문계 안 갈래요. 가 봤자 명문대에 가는 아이들 내신 깔아 주는 것 같아 싫어요. 그리고 나는 앉아서 하는 일보다 꽃을 가꾸는 일이 좋아요."

아이의 진로 성숙도가 높기 때문에, 부모도 아이의 꿈을 꺾을 수가 없었다. 결국 그 여학생은 꿈을 위해 특성화 고등학교로 진학했다. 하지만 여기서 끝이 아니었다.

그 여학생은 농업고등학교를 졸업하고 독일 대학에 진학을 목표로 하고 있었다. 농업고등학교에서 수업을 받다 보니 꽃가꾸기를 좋아하는 꿈이 원예 사업에 대한 관심으로 확대됐다. 원예는 독일, 네덜란드, 유럽이 강국이니 고등학교를 졸업하고 그쪽 대학으로 진학해 공부한 후 한국에 돌아와 일을 하겠다는 목표를 세웠다. 만약 그 코스대로 차근히 꿈을 이뤄 간다면, 장담하건데 그저 꿈 없이 공부만 한 아이들보다 훨씬 재밌는 인생을 살 것이다. 즉 꿈이 있고, 그 꿈을 이룰 수 있는 정보가 있을 때는 성적이 아니라 꿈에 맞춰 고등학교를 선택할 수 있다.

하지만 대부분의 부모들은 아이가 아무리 이런 꿈을 꾼다고 해도 농업고등학교를 가도록 내버려 두지 않는다. 부모들은 아이가 성적이 많이 오를 것이라는 가정을 하면서 아이를 인문계 고등학교에 입학시킨다. 여기서 부모의 막연한 기대와 과대평가 성향이 나타난다.

경영학 이론인 스톡데일 패러독스를 아는가? 스톡데일은 베트남 하노이 수용소에 잡혀갔던 미국 장군이다. 하노이 수용소는 베트남의 악명 높은 수용소로 그곳에 수용된 사람들은 대부분 죽었다. 하지만 스톡데일 장군은 7년간 수감되었다가 가족의 품으로 돌아왔다.

수용소에서 죽어가는 사람들은 공통적 특징이 있었다. '돌아오는 크리스마스에는 풀려나겠지.'라고 과도하게 기대하면서 크리스마스를 기다렸지만 풀려나지 않자 크게 낙담했다. '돌아오는 부활절에는 풀려나겠지.'라며 또 기대했다가 다시 절망했다. 이처럼 좌절을 맛보자 생활 리듬이 깨지고 면역력이 약해지고 결국 병에 걸려 죽게 되었다. 하지만 스톡데일 장군은 달랐다. 살아서 가족에게 갈 것을 믿어 의심치 않지만, 낙관하지는 않았다. 그저 하루하루 잘 먹고 운동하며 열심히 살았다.

스톡데일 패러독스는 목표를 이루기 위해서는 잘될 것을 의심하지 않고, 현재에 충실해야 한다는 이론이다. 즉, 현실을 기반으로 잘사는 것이 가장 중요하다는 말이다. 막연한 기대만으로는 미래를 제대로 설계하기 힘들다.

예를 들어, 삼성전자가 올해 최대 실적이 났다면 다음 주쯤에는 '삼성, 위기 경영 체제로'라는 제목의 기사가 신문에 나온다. '최대 실적인데 위기 경영이라니?' 이 기사는 현재 실적이 좋다고 무조건적으로 미래를 낙관하는 것이 아니라 더 나은 결과를 위해 최선을 다하겠다는 것이다. 더 나아지겠지만 나빠지지 않도록 더욱 탄탄히 준비하겠다는 것으로 받아들이면 된다.

그러니 고등학교를 선택할 때도 막연한 기대 대신에 아이의 꿈과 현실에 기반해 고등학교를 선택하도록 하자.

중학교 때 계열을 정하려면 초등학교 때 좋아하던 것을 이 시기에 심도 있게 해 봐야 한다. 초등학교 때 좋아하던 것이 그저 좋아하는 것인지,

진짜 좋아해서 집착까지 형성된 것인지 살펴봐야 한다.

초등학교 때 여러 가지를 해 봤는데 그중에서 과학을 좋아했다면, 중학교에 입학해서는 과학 심화, 방과 후 과학 활동을 해 본다. 그리고 어려운 숙제 등의 힘든 훈련을 받게 하고 그래도 좋아한다면 집착까지 형성된 것이다. 반면 힘든 것을 해 봤더니 싫어한다면 단순 선호일 가능성이 높다.

집착까지 형성된 선호를 보이고 중학교 3학년 때 성적이 좋다면 과학고를 가면 된다. 반면, 과학을 좋아하지만 성적이 되지 않는다면 주변의 인문계 고등학교 중에 과학 중점 고등학교를 선택하면 좋다. 이렇듯 중학교 때는 선호 분야를 정해 집착 정도를 알아보는 것이 무척 중요하다.

앞에서도 말했듯이 수학을 잘한다고 이과 성향이라고 단정 지을 수는 없다. 학습 능력이 뛰어나기 때문에 수학을 잘하는 것뿐이지 성향과는 상관이 없을 수도 있기 때문에 성급하게 판단해서 영재 교육을 시키고 이과 쪽을 강요해서는 안 된다. 자기 효능 이론이라는 것이 있다. 이것은 자신이 잘하는 것만 계속하려는 성향으로, 수학을 많이 시켜 수학을 잘하면 아이는 수학만 하려고 한다. '나는 과학고 갈 거니까!' 하고 마음속으로 정하고 암기 과목이나 기타 과목을 하지 않으려고 한다. 그러므로 수학을 잘하는 것만으로 진로를 결정하지 말라는 이야기이다.

문과, 이과 성향을 정할 때는 오히려 수학보다는 과학에서 물리에 대한 관심, 사회에서는 지리나 일반 사회에 대한 관심 유무로 정하는 게 바람직하다.

예를 들어 사과나무에서 사과가 떨어졌다고 가정해 보고, 이때 보이는 아이의 반응에서 성향이 나타난다. 이과 성향인 아이는 '사과가 왜 떨어질까?'가 궁금하다. 반면 문과 성향의 아이라면 '저 사과가 대체 어디 사과일까? 저 사과로 무엇을 할까? 얼마나 자주 떨어지나?' 하는 궁금증을 갖는다. 이처럼 하나의 사실을 보고 느끼는 것이 다른 것이 바로 성향이다.

'왜 떨어졌는가?'를 수학적으로 분석하면 물리학이 되고, '어디 사과일까?'를 수학적으로 분석하면 경제학이 되는 것이다. 수학을 잘한다는 것은 현상을 해석하는 도구를 잘 다룬다는 것이다. 그러므로 수학을 잘하는데 물리를 안 좋아하거나 수학을 잘하는데 사회를 좋아하면 문과적인 성향이 있다고 볼 수 있다.

중학교는 사춘기 때라 감정이 풍부한 시기이므로 박지성, 안철수, 빌 게이츠, 스티브 잡스 같은 동시대를 살고 있는 존경할 만한 사람들의 이야기를 읽는 것이 좋다. 너무 고전적인 위인은 중학생들이 롤모델로 삼기에 거리감을 느낄 수 있기 때문이다. 반면 동시대를 함께 살고 있는 사람들은 과장되게 미화되어 있지 않기 때문에 어느 정도 철이 든 청소년에게 자극을 줄 수 있다.

중학교 때는 진로 검사를 해 보는 것도 무척 중요하다. 꿈이 없는 아이나, 꿈이 있어도 어떻게 해야 할지 모르는 아이에게 큰 영향을 줄 수 있기 때문이다.

'일진'으로 불리는 한 아이가 있었다. 소위 문제아였다. 검찰청까지 갈 정도로 안 좋은 일에 연루되어 중학교를 그만둘 지경이었다. 검정고시를 봤지만 아이는 꿈이 없었다. 부모도 아이를 감당하는 것이 버거웠다. 그러다 우연히 와이즈멘토에서 적성 검사를 했는데, 검사 결과 아이가 예술 방면에 소질이 있었다. 의외로 실기도 곧잘 한다는 결과가 나왔다. 상담 교사가 아이에게 검사 결과를 보여 주면서 말했다.

"네 성격과 적성을 보니 예술 방면으로 가면 좋을 것 같구나. 예고에 가면 좋을 것 같은데, 예고 가려면 준비를 많이 해야 해. 하루에 10시간 넘게 앉아서 그림을 그려야 하는데, 할 수 있겠니? 네 성격으로 가능할지 걱정스럽구나."

아이는 자신이 10시간 넘게 그림을 그리는 모습이 상상이 되지 않았다. 하지만 세상에 태어나 처음으로 하고 싶은 게 생겼다. 그래서 당장 미술 입시 학원에 등록해서 열심히 그림을 그려 결국 명문 예고에 입학했다.

이렇듯, 진로 검사와 진로 설계 과정을 통해 아이는 자신의 꿈을 깨닫게 된다. 남에게 떠밀려 가는 것이 아니라, 진로 상담을 통해 자신의 의지에 따라 능동적으로 움직일 수 있게 되었다.

그러므로 중학교 때는 자신의 진로 탐색을 더 적극적으로 해야 한다. 우선 매년 적성 검사를 실시해서 데이터를 만들어 놓아야 한다. 가능하다면 꿈에 대해 상담을 받는 것도 좋다.

꿈에 대해 멘토링을 받을 때 알아 둬야 할 사항이 있다. 반드시 멘토링대로 되는 것은 아니며 멘토링대로 되는 것이 중요한 것이 아니라는 사실이다.

직업은 최종적으로 도달하고자 하는 장기 목표이며, 학과나 대학은 도달하기 위한 과정에 있는 중기 목표가 된다. 멘토링을 잘 이해하지 못하고 이런 이야기를 하는 어른들이 있다.

"멘토링 받고도 아이가 설계대로 되지 않아요."

살다보면 장기 목표, 즉 직업 목표가 달라질 가능성도 있다. 하지만 장기 목표가 없다면 중단기 목표를 갖기 어렵고, 목표가 없는 생활은 나태해지고 방황할 가능성이 커진다. 아무 목표도 없이 지내기보다는 일단 목표를 가지고 열심히 노력하다가 장기 목표를 수정하는 것이 더 낫다.

장기 목표가 달라졌다고 멘토링이 실패한 것은 아니다. 긍정적으로 바뀌었느냐, 포기했느냐는 다른 것이다. 열심히 하는 과정에서 바뀐 것이라면 긍정적인 것이다. 멘토링의 성과는 아이가 목표를 세우고 도달하기 위해 열심히 노력하는 과정 자체에 있다고 보면 된다.

마지막으로 사춘기의 아이들에게 부모가 자신의 직업에 대해 행복해하는 모습을 자주 보여 주자.

얼마 전 파일럿을 꿈꾸는 아이를 상담한 적이 있었다. 아버지는 아이의 꿈을 듣자마자 그 자리에서 면박을 줬다.

"비행기 비싼 자리에 타는 사람이 돼야지, 왜 조종사가 되냐?"

아이의 꿈을 북돋워 주지는 못할망정, 부모의 잣대로 직업에 대한 나쁜 편견을 아이에게 심어 주고 있었다. 아버지와 면담해 보니 아버지 스스로 자신의 직업에 대해 만족하지 못하고 있었다. 아이만큼은 경제적으로 큰 부와 명예를 누리는 일을 했으면 하는 지나친 기대를 하고 있었다. 중학생 자녀를 둔 부모들 스스로가 어떤 직업이든 자신의 일에 만족하고 행복해하면 아이들도 행복을 느끼게 된다. 그런 모습을 보고 자란 아이들은 커서도 자신이 원하는 직업을 갖고 행복한 삶을 살 확률이 높다. 부모가 늘 자신의 직업에 대해 부정적으로 이야기하면 아이들도 자신의 꿈에 대해 부모에게 잘 이야기하지 못하게 된다. 아이는 부모의 거울이라고 보면 된다.

3. 고등학생, 1학년 때 학과 선택을 하라

고등학교 때에는 진로 적성에 대해서 학습 습관 5, 진로 5의 관심이 필요하다. 고등학생이 되면 어느 정도 학습 능력이 정해졌다고 봐야 한다. 유명 일간지와 입시 업체에서 고등학생이 입학 후 3년 동안 성적이 얼마나 달라지는지를 알아보았다. 그 결과 1등급 이상 오른 아이는 13%, 2등급 이상은 2.8%였다. 대부분 1학년 때 성적이 3학년 때 성적이었다. 초등학교, 중학교를 거치면서 공부하는 습관이 굳어져서 바꾸기 어려운 것이다.

그러므로 고등학교 때는 지금의 성적이 가장 높다고 가정하고 어떤 대학, 어떤 과를 가야 할지 정해야 한다. 나중에 잘될 것을 믿어 의심치 않지만, 현재의 상황에 대한 냉정한 판단이 필요하다. 성적을 지금처럼 유지했을 때 어떤 다양한 진로가 있을지 알아보는 것이 핵심이다.

만약 아이 꿈이 한의사라고 가정해 보자. 그런데 1학년 때의 성적으로는 한의사가 되기 어렵다면 한의사만을 고집할 게 아니라, 다른 진로에 대해서도 생각해 볼 필요가 있다.

"한의사는 공부를 잘해야 하니, 지금보다 열심히 공부해 도전해 보는 건 좋아. 하지만 열심히 노력했지만 성적이 안 오르더라도, 너는 너에게 맞는 직업을 찾을 수 있어. 네가 다른 사람을 돌보고, 이야기 듣는 걸 좋아하니 이런 성향을 봤을 때는 상담 심리사라는 직업도 잘 맞을 것 같아. 그러니 한의사와 상담 심리사 두 직업을 두고 고민을 해 보자. 이 직업은 자격증을 따는 것이 중요하니까 일단은 공부를 열심히 해야겠지?"

이렇게 진로 상담을 하면 대부분의 아이들이 상담 심리사도 도전해 볼 만하다고 느낀다. 오히려 한의사를 목표로 공부할 때보다 성적이 더 많이 오른다. 고등학생이 되면 아이들 스스로도 큰 이변이 없는 한 성적이 수직 상승할 것이라는 기대는 별로 안 한다. 그러다 보면 꿈과 현실 사이에서 좌절감이 많이 생긴다. 그러니 성적이 중하위권인 학생의 경우라면 학업 성적과 상관없이 성공할 수 있는 분야에 대한 이야기를 많이 해 주는 것도 한 방법이 될 수 있다.

고등학생에게는 바뀐 입시 제도와 교육 제도에 대한 이야기도 많이 해 줘야 한다. 아직도 무조건 서울대 법대가 최고라고 말하는 어른들이 있다. 서울대에 법대가 없어지고, 법학 전문 대학원으로 바뀐 지가 언제인데, 아이들에게 옛날 이야기를 하고 있다. 그러니 아이들이 부모들의 이런 낡은 이야기에 질려서 부모와의 대화를 피한다.

어느 대학교에 갈 것인가를 고민하기보다는 학과 선택에 신중해야 한다. 부모는 어릴 때부터 늘 명문대, 명문대만 고집해 왔다. 하지만 명문대만큼 중요한 것이 자신에게 맞는 학과를 정하는 것이다. 학과 정보를 최대한 많이 수집해서 자신에게 맞는 학과를 정하는 것이 무척 중요하다.

경쟁력 있는 대학에 진학할 성적이 아니더라도 자신이 진정 원하는 과에 입학했다면, 대학 입학 후에 다른 길이 보인다. 해외 대학 편입이라든가, 유학을 염두에 둔다면 명문대에 입학한 것만큼의 경쟁력을 가질 수 있다. 중위권일수록 고등학교 졸업 후 해외 대학 편입 및 진학을 적극 고려하는 것이 좋다. 지금 당장은 중위권 대학에 입학했더라도 점차 향상되는 진로를 설계하면 된다. 대학에서 자신의 분야에 전문성을 갖춘다면 적성과 상관없이 진학한 학생보다 더 나은 삶을 살 수 있다.

4. 대학생, 자신의 실력을 최고로 만들어라

대학생은 무엇보다도 자기 전공에서 실력을 갖춰야 한다. 인간은 자신이 가장 많은 시간을 보내는 곳에서 충실해야 한다. 그게 효율적인 삶이다. 학생은 학교에서 가장 많은 시간을 보내기 때문에 그 시간에 충실하면 된다. 자기 전공을 소홀히 하면서 부전공을 잘하겠다는 것은 불가능한 것이다. 복수 전공이나 부전공에 대해 생각할 시간에 자신의 전공에 집중하면 훨씬 장점이 있다. 전공 공부를 끝내고도 시간 여유가 있으면, 그때 부전공, 복수 전공을 신경 써도 늦지 않다. 나중에 취업할 때 전공, 부전공 모두 성적이 그저 그러면 면접관에게 성실하지도 않고 실력도 없는 학생이라는 느낌만 줄 뿐이다.

대학에 입학했다면 대학을 탓하지 말고, 대학에 묻어가려고 하지 말아야 한다. 과거에는 오로지 학벌만을 따지는 사회였지만 요즘은 자신의 전공 분야에서 실력이 있느냐, 없느냐를 중요시 여긴다. 대학생이 되면 일단 자기 전공에 대해 4년 뒤 또래보다 잘할 자신이 있어야 한다. 전공이 무기가 될 정도로 열심히 해야 한다.

대학 시기는 학습 습관 3, 진로 7 정도로 진로가 중요한 시기이므로 직업 선택을 위한 많은 정보가 중요하다. 인생의 멘토를 찾아 자주 찾아가 조언을 구하는 것이 큰 도움이 된다. 멘토는 직접 만날 수 있는 가까운 사람만 뜻하지 않는다. 책이나 트위터, 페이스북 등을 통해서 직업과 가치관에 도움을 줄 수 있는 사람이면 누구나 상관없다. 멘토는 축적된 경험을 전달해 주기 때문에 스스로 풀기 어려웠던 문제도 멘토의 한마디로 쉽게 풀 수 있다.

대부분 대학생이 되면 후배들 앞에서 폼을 잡으려고만 한다. 하지만 인생에 도움을 얻고 싶다면 윗사람을 만나야 한다. 적극적인 대학생은 뜬금없이 채용 공고도 없는 회사의 인사팀에 방문하기도 한다. 대부분의 인사팀 담당자들은 이 대학생들을 박하게 대하지 않는다. 인사팀은 회사의 거울이므로 차 한 잔 하면서 친절하게 이력서를 받아 준다. 물론 현재 채용 계획이 없다고 말하지만, 정말 나중에 급하게 인턴 쓸 일이 생기면 적극적인 그 대학생 생각이 나게 마련이다.

요즘 젊은 대학생 사이에 멘토 찾는 게 유행이다. 하지만 잊지 말아야 할 것이 있다. 멘토의 이야기는 나와 다를 수도 있다. 그러므로 멘토의 이야기를 자기화하는 작업을 반드시 거쳐야 한다. 거기에 한 가지 더, 실행의 힘을 가져야 한다. 아무리 멘토의 감동적인 이야기를 들어도 행동의 변화가 없다면 소용이 없다. 듣기만 하지 말고 '실천하는 것'이 핵심이다.

또 한 가지 알아 두어야 할 것은 멘토는 구조적 문제를 정확히 파악하는 사람들이다. 그러므로 멘토의 이야기만 듣다 보면 비관적인 생각에 빠질 수 있다. 88만원 세대라서 취업이 안 되는 게 구조적 문제이고 그 속에 있는 나는 피해자라는 생각을 하면 곤란하다. 감상에 빠지기보다는 그 안에서는 한 개인으로서 최선을 다해야 한다. 인류에게는 늘 구조적인 문제가 있었다. 그 속에서 치열하게 살아온 개인들이 있었기에 인류가 발전해 온 것이다.

선배 혹은 멘토와의 대화를 통해 목표 직업을 찾고 도달 가능한 전략을 잘 짜야 한다.

대학교 1, 2학년 때는 무엇을 해야 보람이 있을지, 인생의 가치를 어디에 둬야 할지 결정하는 것이 좋다. 반드시 개인 생활이 필요하다면 여유를 즐길 수 있는 직업을 찾아야 한다. 여유로운 개인 생활을 즐기는 성향인데 밤늦게까지 일을 해야 하는 회사에 입사해서 회사 탓을 하는 것은 앞뒤가 맞지 않는다. 시간적인 여유가 많고, 돈을 많이 주고, 휴가 많은 회사는 현실적으로 불가능하다. 그렇기 때문에 우선 가치를 어디다 둘지 판단하는 것이 중요하다.

'나중에 늙어서 여유 있게 보내고 젊은 날에는 시간이 여유롭지 못하더라도 돈 많이 버는 곳에 취직하고 싶다.'라고 결정했다면 일은 힘들더라도 성과에 따라 급여를 주는 곳에 취직해야 한다. 하지만 돈을 많이 벌고 싶어서 취직을 해 놓고 일이 너무 많다고 투덜거린다. 미국 월스트리트에서는 하루에 10시간 넘게 일하는 젊은이들이 많다. 그들은 '나는 40대 이후에 여유롭게 살기 위해 젊을 때는 돈을 벌겠다.'는 선택한 것이다.

반면 돈은 어느 정도 있으면 되고, 보람된 일이나 봉사 활동을 하고 싶다면 국제기구나 봉사 활동을 할 수 있는 곳을 찾아야 한다. 그렇게 살고 싶다고 해 놓고 다른 일을 하는 것은 자신의 삶에 대한 깊은 성찰이 없기 때문이다.

그러므로 스펙 관리보다는 1, 2학년 때는 자신이 누군지, 어떤 삶을 살고 싶은지에 대한 진지하게 고민하는 게 좋다. 그 고민의 결과, 멘토 이야기를 듣고, 객관화하고 목표를 정해도 늦지 않다. 목표를 확실히 한 뒤에 3, 4학년 때에는 도달할 경로를 알고, 그 경로에 맞게 열심히 길을 가면 된다.

대학생 때는 소비를 할 때, 가장 먼저 정보를 위한 소비를 하는 것이 좋다. 즉 정보만큼 중요한 것이 없으니, 정보를 얻기 위해 노력해야 한다는 것이다. 특히 독서를 많이 해야 한다.

개인적으로 자본주의 정의 중 가장 맘에 드는 것은 '시간과 돈을 바꿔 주는 은행'이라는 표현이다. KTX가 다른 기차보다 비싼 이유는 시간을 줄여 주기 때문이다. 성공하는 사람들은 시간의 중요성을 잘 알고 성공하지 못하는 사람들은 시간의 중요성을 잘 모른다.

최근 국감 자료를 보면 한 인기 있는 예능 MC가 한 해 26억의 수입을 올렸다. 많은 젊은이들이 그 연예인을 '착하다'고 칭찬하는데, 대부분의 시청자들도 한 해 26억을 받으면 그 연예인처럼 착해질 수 있다. 왜냐하면 자본주의는 시간과 돈을 바꿔 주는 은행이므로 방송국은 시청률에 굉장히 신경 쓸 수밖에 없다. 시청률은 많은 사람들의 시간의 합이기 때문이다. 시청률이 올라가면 자본주의 시장에서 돈으로 바꿔 줄 가능성이 높다. 그러니 연예인들은 '시간을 돈으로 바꿔 준 시청자'가 고마운 게 당연하다.

그러므로 내 소중한 시간이 누구를 위해 쓰이나 잘 봐야 한다. 대부분의 사람들은 연예인들에게 자기의 소중한 시간을 지나치게 많이 쓴다. 그 소중한 시간은 다시 돌아오지 않는데도 말이다. 항상 시간에 대한 소비 행위가 나의 성공을 위한 시간인가, 남의 들러리만 하는 시간인가 따져야 한다.

그렇다고 텔레비전 보는 것이 무조건 좋지 않은 행위라고 말하려는 것이 아니다. 하루를 보람차게 보냈다면, 나에 대한 포상으로 자신이 좋아하는 프로그램을 보는 것은 상관없다. 그러면 같은 텔레비전을 보는 행위도 나를 위해 시간을 쓰는 것이다. 그런데 중간고사 기간에 텔레비전을 본다면 시간의 가치를 모르는 것이다. 텔레비전을 보는 것도 내가 주체가 되어야 한다.

20대는 근사한 몸을 만들 때가 아니라, 나를 위해 정보를 얻는 것에 시간과 돈을 투자해야 한다. 20대에 열심히 살면, 40대에 몸 관리를 할 수 있는 시간적, 경제적 여유가 생긴다. 반면 20대에 몸 관리에만 신경 쓰면 40대에 열심히 일해야 한다.

고통총량균등의 법칙에 대해 들어 본 적이 있는가? 고통총량균등의 법칙이란 일생에 해야 할 고통의 몫이 정해져 있다는 것이다. 어떤 사람은 젊었을 때 고통스러운 일을 다 해 버리고 늙어서 편하게 살지만, 어떤 사람은 해야 할 일을 뒤로 미뤄서 늙을수록 고통스러워진다.

그러므로 젊을 때 시간의 소중함을 알고 정보를 얻는 데 돈과 시간을 쓰자. 책을 사고 읽는 것은 자신을 위한 가장 좋은 투자이다. 그리고 그것을 바탕으로 자신의 인생을 주도적으로 설계하는 것이 필요하다.

마지막으로 대학생들은 세계로 눈을 돌리는 것이 중요하다.

대학에 강연을 가면 이런 이야기를 해 준다. 해외 사이트를 통해 적극적으로 구인 활동을 할 수 있고, 영어를 잘하면 30억 명을 상대로 취업을 할 수 있다고 말해 준다.

외국에 취업한 지인들이 자신의 외국 회사에서 인턴을 뽑는데 좋은 사람 추천해 달라고 부탁하는 일이 종종 있다. 해외에 나가서 일하는 사람들은 좋은 자리가 나오면 한국 대학생이 좋은 경험을 쌓길 원한다. 주변 대학생들에게 이야기하면 "참 좋은 기회이긴 한데……."라며 주저한다. 좋은 기회가 와도 영어 때문에 자신감이 없어 쉽사리 기회를 잡지 못하는 것이다. 대부분 외국어에 능통하지 못하니 대한민국에서 취업할 수밖에 없는 것이 현실이다.

대학생은 해외 대학과의 교류, 정부 지원 등을 잘 활용해서 서른 살 이전까지는 자연스럽게 2년 정도의 해외 경력을 가질 수 있게 진로 설계를 하는 것이 좋다.

여기서 중요한 것은 자연스럽게 경험하는 것이다. 자연스러운 것은 원래 드는 돈과 시간으로 해외 경력을 만드는 데 쓰라는 것이다. 해외 교환 학생 제도 등을 이용하면 같은 돈을 들이고서도 우수한 교육과 경험을 얻을 수 있다.

예를 들어, 지방대 다니는 학생이 서울에 있는 대학원에 가겠다고 결정했다고 가정해 보자. 이 학생은 서울에 있는 대학원 대신 이왕이면 해외 대학원을 준비해서 가는 것이 좋다. 이미 평생 직장 개념이 없으니 해외에서 취업해서 몇 년 근무하면 차별화된 인재가 될 수 있다.

반면, 부자연스러운 것은 학교를 휴학하고 가는 어학연수이다. 어학연수는 시간과 돈을 배로 쓰면서도 영어 실력에 그다지 도움이 안 된다. 예를 들어 해외 대학에 어학연수를 가면 해외 대학 부설 어학당에 들어가게 된다. 전 세계의 영어 못하는 아이들이 모여서 영어 교육을 받는 것이 강남의 영어 학원과 별반 다르지 않다.

교환 학생으로 나가면 차원이 달라진다. 자매 학교이기 때문에 그 학교 학생들과 함께 수업을 듣고 영어로 전공에 관한 과제를 해 내고 학교 친구들과 동등하게 생활해야 한다. 물론 훨씬 더 힘들겠지만, 그만큼 실력이 향상된다.

국내에서 대학을 마쳤는데 대학원을 가려 한다면, 해외 대학원을 고려해 보자. 해외 대학원으로 진학을 하면 여러 가지로 취업에 있어서 유리해진다.

하지만 자연스러운 해외 경험의 문은 생각보다 좁다. 인원을 제한하기 때문에 준비된 사람만 뽑힐 수 있다. 그러려면 1, 2학년 때 흥청망청할 시간이 없다. 목표가 뚜렷해야 그에 따라 대학원 준비, 토플, GRE 등을 미리 준비할 수 있다. 대부분 이러한 준비가 되어 있지 않기 때문에 자연스러운 선택보다는 돈과 시간을 써야 하는 부자연스럽지만 아주 손쉬운 어학연수를 선택하는 것이다.

진로교육,
더 나아가 진로혁명으로!

아이를 성공적으로 키우려면 진로교육이 무엇보다 중요하다. 막연하고 구태의연한 진로교육이 아니라, 진정으로 내 아이를 성공시키는 진로교육이 필요하다. 그야말로 '진로 혁명'이 요구되는 것이다. 진로 혁명을 이루려면 가정과 학교, 사회가 동시에 힘을 모아야 한다. 가정과 학교, 사회가 진로교육의 중요성을 인식하고 서로 소통할 때, 비로소 아이들이 자신의 꿈을 찾아 나아갈 수 있기 때문이다.

1. 가정에서는 진학보다 진로를 먼저 생각하라

가정에서는 진로 지도의 최종 목표가 대학이라는 낡은 생각부터 빨리 버려야 한다. 특목고, 명문 대학이 아이들에게 도움이 될 수는 있지만, 인생의 최종 목표는 아니다.

아이들 중에는 다른 아이들에 비해 늦게 재능을 꽃피우는 '레잇부머'라 불리는 아이들이 있다. 이런 아이들은 재능이 늦게 발현되기 때문에 특목고나 좋은 대학에 못 갈 수도 있다. 그런데 이런 아이에게 최종 목표를 대학으로 생각하고 포기해 버린다면 아이는 영영 재능을 발현시키지 못할 수도 있다. 부모들의 최종 목표는 좋은 대학이 아니라 자녀가 사회에 나가서 행복하게 사는 것이어야 한다.

이제 더 이상 아이들에게 '옛날 이야기'만 하지 말아야 한다. 시대가 변하면서 성공의 개념도 달라지고 있다. 어른들의 경험은 존중받아야 하지만 그게 절대적인 가치는 아니다. 부모들은 70세를 사는 세대지만, 우리 아이들은 100세를 살 세대이다. 30년을 덜 사는 세대가 30년을 더 살 아이들에게 과거의 경험만을 강조하는 것은 의미가 없다. 놀라운 속도로 달라지는 세상과 교육 제도에 열린 마음을 갖고 아이들의 이야기에 귀를 기울이는 자세를 가져야 한다.

또한 부모 스스로가 아이와 함께 경험하려는 자세를 가져야 한다. 아이들이 뭔가 좋아한다면 함께 해 봐서 아이에게 그것이 어떤 의미인지 함께 느껴 보자. 아이만 경험하게 하지 말고 주말이나 휴일을 이용해 함께 경험해 보자. 아이들이 악기 연주하는 것을 좋아한다면 함께 연주회에 다니고, 아이가 자연 관찰을 좋아한다면, 함께 산과 들로 다니자. 대부분의 부모들은 아이가 한 분야를 좋아하면 어떤 사교육을 시켜야 할지 고민하고, 좋은 선생님만 찾으려 한다. 그러나 비싼 돈 안 들여도 부모와 함께 하는 경험이 아이들 진로 지도에 큰 도움이 된다. 뿐만 아니라 부모와 함께 하는 경험은 부모가 아이의 진로에 대해 애정을 갖는 계기가 된다.

아이들의 진로 계획이 변하는 것은 당연하다. 하지만 계획이 있다는 것이 중요하다. 그 계획을 따르려고 하는 과정 속에서 아이들의 계획은 긍정적으로 수정될 수 있기 때문이다.

그런데 어떤 부모들은 "지금 계획 세운다고 그대로 되는 것도 아닌데 뭐 하러 계획을 세우나요?"라고 말하거나, "어차피 꿈은 바뀌는 것이니 지금은 공부나 열심히 해."라고 아이들에게 말한다. 대부분의 부모들이 이런 식으로 아이들을 공부로 몰아간다. 하지만 이제는 아이들에게 지금 이 순간 꿈이 있고, 그 꿈에 대해 자유롭게 이야기할 수 있는 분위기를 만들어 주어야 한다.

사실 부모들도 자신의 전문 분야 말고는 잘 모르기 때문에 방송이나 책, 신문의 사회·경제 기사를 열심히 읽어야 한다. 아이의 진로가 그 속에 있다는 생각으로 보면 안 보이던 것이 보이기 시작할 것이다.

2. 학교에서는 진로교육의 시야를 넓혀라

학교는 진학과 진로가 다르다는 것을 명확하게 인식해야 한다. 아이들은 제각각 100%의 능력을 갖고 있다. 그러므로 하나의 잣대로 아이들을 일렬로 줄 세우려고 하지 말아야 한다. 각각의 아이들이 1등이 될 수 있는 분야가 무엇인지 잘 관찰하고 필요한 프로그램을 만들어 주어야 한다. 명문대에 몇 명이나 입학시켰는지 자랑하는 숫자놀음에서 벗어나야 한다.

그렇다고 명문대에 가는 아이들을 인정하지 않겠다는 것이 절대 아니다. 그 아이들은 공부라는 부분의 능력이 있는 것이므로 그것대로 인정해 주고, 당연히 박수를 쳐 주고 칭찬해 줘야 한다. 단, 그에 못지않게 다른 부분을 잘하는 아이들도 인정해 줄 수 있는 학교 분위기여야 한다.

요즘 학교 폭력이 심각한 수준이다. 다양한 원인이 있겠지만, 기본적으로 학교와 가정, 사회가 공부만을 기준으로 삼아 아이들을 줄 세우기 때문이다. 공부로 1등이 아니면 인정받지 못하는 이런 분위기에서 아이들은 잘못된 방향으로 자신을 표현하게 된다. 자리가 사람을 만든다는 말이 있다. 학교에서 공부 못하면 인생의 루저 취급을 받으니, 잘못된 방향으로 나가게 된다. 그런데 잘하는 것을 발견해 "네가 이것만은 우리 학교에서 최고야.", "너 이거 하는 걸 보니 조금만 노력하면 그 분야로 성공하겠어." 하면서 인정해 주면 아이들은 자존감이 높아지기 때문에 절대로 잘못된 길로 들어서지 않는다.

그런 의미에서 교사의 진로 지도 역량을 강화해야 한다. 교사라는 직업은 너무 중요한 직업이기 때문에 보수적일 수밖에 없다. 여기서 보수적이라는 의미는 교사가 보수적이라는 것이 아니라 직업의 특성상, 정보 선택에 있어서 보수적이라는 의미이다. 왜냐하면 학교는 아이들을 잘 길러 내서 사회에 내보내야 하는 중요한 일을 하는 곳이기 때문에, 시간이 걸리더라도 늘 검증된 내용만 가르쳐야 한다. 새로운 교과서를 만드는 데 5년이 걸리고, 그 교과서로 5년을 가르치면 사회에서 봤을 때는 10년 전의 낡은 것을 가르친다는 느낌을 받을 수도 있다.

하지만 직업의 특성이 보수적인 것이 학습 지도와 인성 교육에는 큰 도움이 된다. 검증된 내용만을 신중하게 가르치다 보니 아이들은 기본을 다질 수 있는 것이다. 왜냐하면 학습은 부모 시대의 공부 잘하는 것과 지금이나 별 차이가 없고, 인성 교육도 부모 때나 지금이나 별반 달라진 것이 없기 때문이다. 반복하면 할수록 더 잘하게 된다.

하지만 진로교육은 조금 다르다. 진로 지도는 적성에 맞는 직업을 찾고, 그 직업에 도달하기까지의 경로를 설계해 주는 일이므로, 사회 변화에 민감해야 한다. 교사라는 직업의 특성과는 조금 다를 수 있다. 그러므로 교사가 개인적으로 노력하지 않으면 진로교육을 할 때 자칫 낡은 이야기를 하게 될 가능성이 있다. 진로교육은 학교 전체가 새로운 정보를 받아들이려고 노력해야 한다.

교사를 대상으로 한 강연을 시작하기 전에 한 번씩 이런 농담을 던지고는 한다.

"여러분, 증권가에는 선생님과 관련된 농담이 있다고 합니다. 선생님이 객장에 나타나면 주식을 팔 때라는 겁니다."

이 이야기를 하면 교사들도 고개를 끄덕이며 공감한다. 이 말은 곧 교사가 보수적인 성향을 띠기 때문에 무언가를 먼저 시도하지 않는다는 경향을 보여 준다. 주식 투자를 할 때도 관련 책을 찾아보고 주변의 이야기도 들어 보는 등 돌다리를 충분히 두드려 본 뒤 시작하기 때문에 교사가 주식을 시작할 때는 이미 늦다는 것이다.

그러므로 진로교육을 담당하는 선생님들이 주변 이야기에서 나아가 학교 밖의 이야기에도 귀를 기울인다면 아이들에게 훌륭한 진로 지도를 해 줄 수 있다. 이웃 학교 선생님, 대학교수 등 교육 주체들의 이야기는 많이 들어왔으므로 이제는 학교 밖의 기업의 인사 담당, 헤드헌터, 기업 컨설턴트 등의 이야기를 들어 볼 필요가 있다.

3. 국가는 전문가의 말에 귀 기울여라

최근 교육 과정은 진로 지도 교사를 각 학교에 배치하고 진로를 강조하는 식으로 바뀌고 있다. 그동안 진로교육이 제대로 이루어지지 않아 교육비 부담이 가중되고 청년 실업이 심각해진 측면이 있기 때문이다. 진로에 대한 정책이 확대되고 있어도 아직은 미흡한 점이 보이는 것이 사실이다.

 진로 지도는 크게 적성 평가와 진로 설계, 이 두 부분이 균형을 이뤄야 진로 지도를 잘하는 것이다. 적성 평가라는 것은 아이들이 어떠한 특성을 가지고 어떠한 부분에 소질이 있는가를 발견해 내는 것이다. 진로 설계는 어떤 특성을 보이는 아이가 나중에 사회에 나갔을 때 어떤 분야의 직업과 연결시킬지 판단하고 그 분야에 도달하는 경로를 알려 주는 것이다.

 진로 지도를 잘하는 전문가도 적성 파악 전문가와 진로 설계 전문가로 나뉜다. 적성 파악의 전문가로는 주로 심리학자, 교육학자 들이 있고 대개 적성 검사를 중심으로 지도한다.

 그런데 학교에 진로 설계 전문가는 없다. 흔히 말하는 HR 컨설턴트, 헤드헌터, 기업 인사 담당자 등이 이러한 설계를 잘하는데, 학교에도 이러한 진로 설계 전문성을 가진 사람이 필요하다. 적성 파악과 함께 진로 설계가 이루어질 때 진로 지도가 완성되기 때문이다.

그런데 진로 진학 상담 교사 육성 과정을 살펴보면 여전히 적성 파악을 중심으로 교육이 구성되어 있다. 대부분 대학 위탁으로 되어 있다 보니, 적성 파악 전문가 위주가 된다. 그래서 학교 현장에 적성 파악 전문가는 많지만, 설계 전문가는 부족할 수밖에 없다. 학교에서 필요한 것은 '도대체 내 꿈을 이루려면 어느 학교 어느 과에 가야 하나?', '이 직업으로 가려면 어떤 경로로 가야 하나?' 하는 아이들의 고민을 해결해 줄 설계 쪽이다.

교육 현장에서 여전히 적성 파악만 하고, 이후에 필요한 진로 설계를 등한시한다면, 진로교육에 큰 기대를 갖고 있는 학부모들은 정부와 학교에 또다시 실망하게 될 가능성이 높다. 그러면 결국 부모들은 "학교는 역시 옛날 이야기만 하네." 하면서 사교육 시장으로 눈을 돌리게 될 것이다.

국가의 미래를 짊어질 아이들의 진로 지도를 제대로 하는 것이 목적이라면 공사 구분 없이 원래의 목표에 충실해야 한다. 지금은 공과 사를 나눠서 국가의 재정과 아이들의 인생을 낭비할 때가 아니다. 진로교육은 국가가 주도적으로 하기보다는 국가가 지원하는 사업이 되어야 한다. 국가가 주도적으로 진로교육에까지 나설 필요는 없다. 진로 지도 전문가들을 지원해 그들이 잘할 수 있도록 해 주는 것이 국민을 위하는 바람직한 국가사업이 될 것이다.

한 해에 300여 회 이상의 초청 강연을 다니다 보면 대개 교육청 연수, 교사 연수인데 대체로 강의 평가 만족도가 높았다. 내가 특별히 강연을 잘해서라기보다는, 교사들이 진로 설계에 대한 새로운 이야기에 목말라 있었기 때문이다. 교사들은 그동안 진로 설계에 대해 듣고 싶었는데 못 들었다고 입을 모았다. '사회에 그런 부분이 있는 줄 몰랐다.', '그동안 이런 진로 설계 이야기를 듣지 못했다.' 라며 진로 설계 부분에 큰 호응을 보여주었다.

학교는 우수한 콘텐츠의 경합장이 되어야 한다. 그래야 미래를 살 아이들이 혜택을 볼 수 있기 때문이다. 그런데 공사를 나누는 논리 때문에 학교 현장은 항상 생존을 위해 빠르게 변하는 민간의 역량을 따라가지 못하고 옛날 얘기만 하게 된다. 그러므로 진로교육만큼은 공사의 구분을 떠나 아이들의 진로 선택에 도움이 되는 방향이 무엇인지 고민해 봐야 할 것이다.

4. 진로 설정의 9가지 원칙

앞에서 진로 지도에 대해 모두 알아보았다. 여기서는 부모가 아이들의 진로교육을 할 때 이것만은 반드시 지켰으면 하는 9가지 원칙을 알아보자.

1) '머리'가 되는 경험 설계하기

진학을 할 때 반드시 고려해야 할 것이 아이가 '머리'가 될 수 있는지의 여부이다. 머리가 되는 경험은 무척 중요하다. 대부분의 부모들은 특목고만 가면 모든 게 해결될 거라고 생각한다. 하지만 특목고 가서 하위권에 머물

게 되면 인문계에 가서 상위권을 차지하는 것보다 나빠질 확률이 꽤 높다.

시간을 많이 주면 문제를 잘 해결하지만 순발력이 또래 아이들보다 떨어지는 아이들은 오히려 특목고에 가면 손해인 경우가 많다. 특목고에 진학하는 아이들은 대체로 욕심 많은 아이들이 많기 때문에, 이런 아이들 틈에서 순발력이 떨어지는 아이는 자기 역량을 제대로 발휘하지 못할 수도 있다.

비단 특목고만의 문제가 아니다. 어디를 가든지 '머리'가 되는 경험이 무척 중요하다. 공부는 부족하지만 미술 쪽에서 두각을 나타내면 미술 쪽의 머리가 될 수 있도록 노력해야 한다. 시상대에 서 본 사람만이 또다시 시상대에 설 수 있다. 아이가 잘하는 분야에서 꼭 한 번쯤은 시상대에 세워 줘서 '머리'가 되는 경험을 하게 한다.

'용의 꼬리보다는 뱀의 머리가 되게 하라.'는 말이 있다. 특히 교육 분야에서는 용인지 뱀인지 나중에 알게 되므로, 우선 머리가 되는 경험이 중요하다.

한편 지방에서 공부 잘하는 아이를 부모가 무리해서 강남 한복판에 데려다 놓는 경우가 있다. 아이는 머리였다 꼬리가 되는 것인데, 자리가 사람을 만든다고 중하위권으로 내려오면 중하위권의 행동을 하게 된다. 차라리 그 아이를 시골에서 교육시켰더라면 좋은 내신을 받고 좋은 수능 점수를 받아 좋은 대학에 갈 확률이 더 높았을지도 모른다. 대학만을 생각했을 때도 용의 꼬리보다는 뱀의 머리인 경우가 더 성공적이다.

2) 현재 성적에 맞추어 설계하기

진로 지도를 할 때는 현재의 상태를 기준으로 해야 한다. 현재 아이 성적이 별로 좋지 않은데, 아이의 적성이 의사에 맞는다고 여기도 의사를 강요한다면 아이는 부담감을 느끼거나 심한 경우 좌절하게 된다. 학교에서 학부모 초청 강연을 할 때도 비슷한 실수를 하는 경우가 있다. 성공한 변호사, 의사인 부모를 강연자로 초청하면 상당수의 아이들이 나랑 상관없는 강의라고 생각한다. '열심히 해서 성적을 올리면 되는데 왜 미리 좌절하느냐.'고 말하는 것은 진로교육에는 위반되는 것이다.

성적이 오르면 좋지만 지금 성적이 그대로 유지됐을 때 아이의 다른 특성까지 고려해 도달 가능한 진로를 설계하는 것, 그것이 진로 설계의 중요한 원칙이다.

특히 자녀가 고등학교에 입학한 다음에는 아이의 성적이 영화처럼 급상승하기를 바라지 말고, 현재 성적에 맞춘 진로 설계를 하자. 만약 나중에라도 아이가 성적이 오르면 그때 진로를 수정해도 늦지 않다.

3) 적성을 살리고 특별한 무기 만들기

상위권은 공부는 잘해서 직업을 구할 수 있을지는 몰라도 그 분야가 아이의 적성이 아니면, 성공하기는 어렵다. 아이가 학업 성취가 뛰어나다면 직업 도달에만 신경 쓰지 말고 그 직업이 아이와 잘 맞는지 적성도 세심히 살펴보아야 한다.

반면, 하위권은 반드시 자신만의 전문 분야가 있어야 한다. 하위권 아이들이 경영학과를 선택하는 경우가 대표적인 잘못된 선택이다. 경영학은 스페셜리스트라기보다는 제너럴리스트를 키우는 학과이다. 그러므로 사회는 같은 경영학과라면 명문대를 나온 아이들을 선호한다. 따라서 하위권 아이들이 경영학과를 택하면 특별한 장점이 되지 않는다. 오히려 사회에서 활동할 수 있는 외국어나, 컴퓨터 등을 선택해 자신만의 특별한 무기를 만드는 것이 장점이 된다.

4) 외국어 능력 키우기

외국어 능력은 진로를 다양화시키므로 열린 마음으로 적극적으로 배워야 한다. 우리나라는 무역이 중요한 산업 구조이다. 기업들은 무역을 하지 않으면 살아남지 못하므로 글로벌한 아이들을 원한다. 영어가 자유로우면 전 세계 30억 인구를 대상으로 취업이 가능하다.

현재 취업을 하려면 국내 취업 포털 사이트에 접속하지만, 만약 내 아이가 영어에 자유로우면 적극적으로 해외 취업을 할 수 있다. 경제력이 있는 부모들이 아이들을 조기 유학 보내고, 글로벌 마인드를 교육시키려는 이유가 바로 여기에 있다.

만약 경제력이 부족하더라도, 외국어의 중요성을 인식했다면 형편에 맞는 외국어 능력을 키울 수 있는 방법을 찾아보면 된다. 의외로 돈 들이지 않고도 외국어 능력을 키울 수 있는 방법도 많다.

5) 심성, 성실성, 사회성 골고루 키우기

어떤 아이는 착하고 성실하고, 사회성도 좋을 수 있다. 그러나 착해도 성실하지 않은 아이가 있고 성실해도 사회성이 안 좋은 아이가 있고, 사회성이 좋아도 착하지 않은 아이가 있다. 착한데 성실하지 않은 아이도 많다. 착한 것, 성실한 것, 사회성이 좋은 것은 모두 다른 것이기 때문이다. 그런데 이 세 가지를 같은 것으로 생각하고, 마치 착하면, 성실하거나 사회성이 좋다고 혼동하기도 한다. 따라서 이 세 가지를 구분하고, 고르게 키워줄 수 있는 것이 필요하다.

내 아이가 착한 성격이라면 거기에 성실성을 키워 주고 사회성까지 키워줘야 진로 설계가 다양해진다. 점점 내 아이의 인성을 발전된 방향으로 성장시키도록 노력해야 한다. 기본적으로 착한 심성을 지닐 수 있게 하고 또한 열심히 하는 성실성, 같이 어울려 일하는 사회성을 키워 줘야 한다.

6) 30세 이전에 글로벌 경험하기

30세 이전까지는 자연스럽게 2년 정도의 해외 경력을 갖도록 진로를 설계하는 것이 좋다. 여기서 중요한 것은 자연스럽게 경험하는 것이다. 이 말은 원래 드는 돈과 시간을 활용해서 해외 경험을 해야 한다는 것이다. 많은 돈을 들여 대학까지 휴학하면서 어학연수를 가는 것은 시간과 돈을 배 이상 쓰는 것인데 효과마저 크지 않기 때문에 교환 학생 등의 제도를 이용해 자연스럽게 경험하는 것이 중요하다. 하지만 자연스러운 해외 경험의 문은 생각보다 좁다. 그러므로 일찍 목표를 세우고 준비를 해야 한다.

7) 아이의 행복을 우선하기

부모가 보기에 힘든 일이라도 아이가 원한다면 아이를 격려해 주고, 지원해 주어야 한다. 부모가 보기에 힘든 것일 뿐이지, 아이가 행복해하고 보람을 느끼면 그게 바로 성공한 진로이다. 만약 아이가 착해서 봉사하며 살겠다고 하면 부모는 걱정이 태산이다. 하지만 그런 생각 자체를 버려야 한다. 아이의 꿈을 인정하되 부모가 신경 써 줄 일은 행복한 분야에서 '어떻게 하면 아이가 경제적으로 독립할 수 있을까?'이다. 꿈을 이룬다는 것은 자신이 좋아하는 일을 하면서 경제적으로 독립하는 것까지 포함하기 때문이다.

8) 안정적인 직업은 없다고 생각하기

자격증에 의한 안정적인 직업은 더 이상 없다. 올해 사법연수원 졸업자 중 60%가 일자리를 찾지 못한 것만 봐도, 한국 사회에서 직업의 안정성은 빠르게 사라져 가고 있다. 우리나라 자격증 제도가 점차 개발 도상국형에서 선진국형으로 바뀌고 있기 때문이다.

앞으로 아이들이 진로를 선택하는 데도 큰 변화를 가져올 것이다. 부모들이 좋아하는 의사, 변호사, 한의사 등이 더 이상 장밋빛 인생을 보장해 주지 않을 것이기 때문이다. 사실 우리나라는 그동안 국가가 노동 시장에 강제로 개입해서 전문직이라 불리는 일부 직업을 가진 사람들이 안정적으로 돈을 잘 벌 수 있게 하는 구조였다. 하지만 이제는 기본적인 자격증을 갖추면 다른 직업들과 마찬가지로 치열한 경쟁을 해야 하는 세상이 온 것이다.

9) 부모의 노후도 준비하기

교육은 세대와 세대를 잇는 과정이다. 아무리 아이가 꿈을 이루는 데 좋은 것이더라도 그 선택으로 부모의 노후가 불안해진다면, 결국 부모의 노후가 아이의 발목을 잡을 수 있다.

요즘에는 조기 유학을 가는 아이들이 무척 많다. 아이들의 성공을 위해 무리해서 유학 보내는 경우도 많다. 그러나 아이를 유학 보냈을 때 가정 형편상 노후 준비가 전혀 안 된다면, 아이의 유학을 포기해야 한다. 부모가 희생해서 아이가 잘 되더라도 그 아이가 사회에 나와 자리 잡는 30대 초반에 퇴직한 부모를 부양하거나 빚을 갚아야 한다면 아이의 미래도 성공을 보장하기 어렵다.

유학을 보내는 목적이 글로벌한 인재를 만들고 싶은 것이라면 다른 길이 얼마든지 있다. 만약 당장 형편이 어려우면 열심히 일해서 돈을 모아 대학 때 과감하게 밀어주는 것도 한 방법이 될 수 있다.

초등학생 부모들 중에 능력이 안 되면서 사립 초등학교를 보내는 경우도 마찬가지이다. 교육 방법을 한 가지밖에 모르기 때문일 수도 있다. 부산이라는 목적지를 정하면 비행기로 갈 수도 있고 고속버스로도 갈 수 있고, KTX로도 갈 수 있고, 걸어서도 갈 수 있다. 방법은 여러 가지가 있는데, 비행기 타는 사람들 이야기만 들으니 비행기만 타게 되는 것이다.

CHAPTER 8

진로교육 실천, 진로 설계 방안

진로 설계는 어떻게 할까?

진로의 중요성을 알았다면 아이가 구체적인 진로 설계를 할 수 있도록 도와주어야 한다. 그때 필요한 것이 진로 설계 방법론이다. 진로 설계 방법론은 저마다 타고난 소질에 맞는 행복하게 살 수 있는 직업을 찾아 그 직업에 도달하는 길을 제시한다는 원칙은 동일하다. 하지만 1:1 방식이냐, 소규모 그룹 방식이냐, 학교와 같은 다수를 대상으로 한 교육이냐에 따라 적용하는 방식이 달라질 수 있다.

여기서는 가장 소수일 수 있는 1:1 진로 설계 방법론과 현실적으로 1:1로 진로를 설계해 주기가 어려운 학교를 위해 한 학년을 대상으로 하는 방법론에 대해서 소개하겠다. 1:1 진로 설계 방법론에서는 진로 설계를 할 때 고려해야 할 점이 무엇인가에 대해 생각해 보도록 하고, 한 학년을 대상으로 하는 방법론에서는 학교 현장에 진로 설계를 어떻게 접목시킬 수 있을 것인가에 대한 아이디어를 얻어 보도록 하자.

1. 1:1 진로 컨설팅

한 학생에 대한 적성을 진단하고 그 적성에 맞는 직업을 추천하며 그 직업에 도달하는 과정을 설계한다는 관점에서 '컨설팅'이라는 용어를 주로 사용한다. 진로 설계를 심층적으로 해 주기를 원하는 상담자가 참고하면 좋다. 이때는 학생만 상담에 참여하는 것이 아니라, 부모의 참여가 필수적이다. 컨설팅은 다음의 10단계로 구성된다.

1단계 환경 분석

환경 분석은 학생의 자라온 환경을 분석하는 것으로 부모를 대상으로 실시한다. 이 분석이 중요한 이유는 자녀들이 자라면서 부모의 영향을 많이 받게 되는데, 현재 나타나는 선호 분야가 부모의 영향인지 본인의 탐색 결과인지를 알 수 있기 때문이다. 예를 들어 부모가 모두 이공계열 출신이라면 아이는 환경적으로 자연스레 이공계에 노출되기 때문에 선호로 이어질 가능성이 높다. 반대로 이공계열 출신이긴 하지만 부모 스스로가 이공계열에 간 것을 후회한다면 자녀에게는 인문계열을 강요했을 수도 있다. 이처럼 가정 내의 정보가 어느 쪽이었는지를 파악하여야 현재 자녀가 보이는 선호에 대해 논리적인 설명과 진단이 가능해진다.

2단계 경제력 분석

경제력 분석 또한 부모를 대상으로 한다. 진로 설계의 가장 큰 원칙 중 하나는 '아이의 진로 선택이 부모의 노후를 해쳐서는 안 된다.'이다. 따라서 진로 설계를 아무리 잘하더라도 설계대로 했을 때 예상되는 비용이 부모의 노후를 해친다면 설계의 의미가 사라진다. 목표가 뚜렷하다면 그에 도달할 수 있는 방법은 많다. 그러므로 진로 목표가 확실히 설정되면 가정 형편에 맞게 설계하는 것이 중요하다. 환경 분석과 경제력 분석을 통하여 자녀에 대한 이해도를 높이고, 가정과 자녀의 미래 설계를 조화롭게 할 수 있다.

3단계 심리 적성 검사

자녀에게 적성 검사인 학과 계열 선정 검사를 실시한다. 학과 계열 선정 검사를 통해 과목 선호, 학과 적합도, 계열 선호도, 직업 적합도 등 다양한 학생의 성향을 파악할 수 있다. 과거에 'OO형', 'XX형'으로 나누는 검사는 현실과 부합하지 않는 경우가 많으므로 데이터를 기반으로 한 과학적 분석이 가능한 검사로 설계 방향을 설정하는 것이 중요하다.

4단계 학생 역량 분석

데이터를 바탕으로 한 심리 적성 검사가 학생의 선호와 능력의 범위를 좁히는 역할을 했다면 그 검사 결과에서 알 수 없는 현재 학생의 감성적, 지적 내용을 파악하기 위해 직접 대면 상담을 하여 검사 결과의 내용을 더 정교하게 보정해야 한다. 심리 적성 검사 또는 부모와의 상담을 통해 나타난 진로 설계에 필요한 내용들을 직접 질문을 통해 확인한다.

5단계 산업·사회 경향 분석

부모와 자녀에 대한 검사와 함께 최근 사회 변화와 교육 제도 변화 등에 대해서도 살펴본다. 학생의 적성은 올바르게 분석해 놓고 과거의 자료를 제시하면 안 되기 때문이다. 전문적인 상담 기관이라면 항상 산업 변화와 사회 변화에 대한 자료들을 데이터베이스 형태로 구성해 놓는 것이 좋다.

6단계 진로 경로 설정

부모, 자녀, 사회 분석의 결과를 토대로 진로 설계를 한다. 자녀 분석을 통해서 나온 좋아하고 잘할 수 있는 분야에 대해 방향을 정하고, 사회 변화를 토대로 범위를 좁혀 목표를 정한 다음, 그 목표에 도달하기 위해 존재하는 여러 경로 중 부모가 도와줄 수 있는 방향과 지원할 수 있는 교육비 범위 내에서 도달 단계를 설계한다.

7단계 전문가 조언

여러 단계를 거쳐서 과학적으로 진로 설계가 이루어진다고 해도 상담자조차도 실제 해당 분야에서 일을 해 본 적은 없을 가능성이 높기 때문에 현실과 다를 수도 있다. 그러므로 목표를 정하면 해당 분야에서 오래 근무하여 그 분야에서는 전문가라고 할 수 있는 사람에게 진로 경로 설정의 결과에 대해 자문을 받는다. 만약 포장마차에 대해 알아볼 때 이 주제로 박사 학위를 받은 사람도 많은 지식을 알고 있겠지만 실제 포장마차를 운영하는 사람이 실질적인 것을 더 많이 알고 있다. 업종에 대한 애로점, 전망 등을 반영하여 자녀의 진로를 더욱 정교화한다.

8단계 결과 전달(자녀)

부모와 자녀가 참여하고 해당 전문가의 조언까지 받아 정교화된 진로 설계는 당사자에게 이해 가능한 방식으로 전달되어야 하며, 항상 곱씹어 볼 수 있도록 보관 가능한 형태로 전달되어야 한다. 또 자녀는 계속 성장 가능성이 있으므로 목표를 잡을 때는 현재 능력보다 약간 더 향상되었을 것을 가정하고 알려주도록 한다. 그래야 목표를 이루려고 노력하는 과정에서 능력이 더욱 향상되어 꿈을 이루는 데 도움이 되기 때문이다.

9단계 결과 전달(학부모)

자녀에게는 교육 효과를 위해 현실적인 능력보다 조금 더 높은 목표를 제시했다면 부모에게는 지극히 현실적인 내용을 전달해야 한다. 그래야 만약 자녀가 노력해도 도달하지 못했을 때 부모가 현명한 다른 길을 제시할 수 있기 때문이다. 우리의 교육 현실은 보통 부모가 조금 높은 목표를 갖고, 자녀가 현실적이기 때문에 항상 자녀의 모습이 부모에게는 눈에 차지 않는다는 것이다. 이러한 현상은 반대로 되어야 한다. 자녀가 좀 더 높은 목표를 갖고 부모가 현실적일 때 성공적인 진로 선택을 할 수 있다.

10단계 동기 유지

아무리 굳은 결심도 시간이 지나면 느슨해지게 된다. 어린 학생일 경우에는 더 심하다. 따라서 자신이 목표로 한 분야에 대해서 지속적으로 접할 수 있는 동기 유지 활동이 필요하다. 관련된 분야에 대해 체험 활동, 독서 활동을 하고, 롤모델이 될 만한 사람을 찾는 활동을 주기적으로 시행하여 흔들림 없이 목표에 도달할 수 있도록 한다.

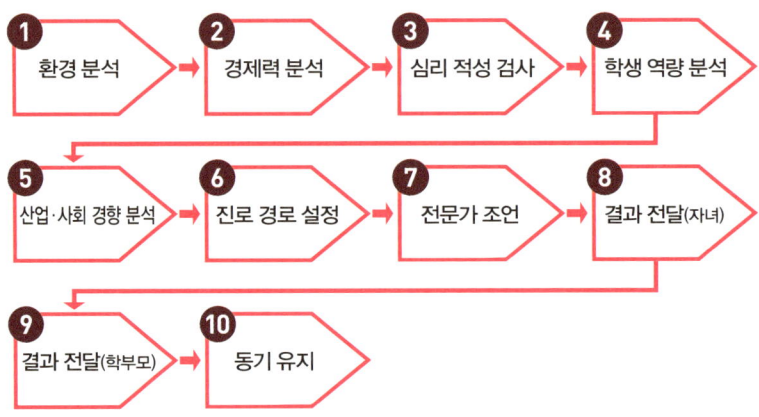

2. 스쿨멘토링

가장 이상적인 것은 1:1 진로 컨설팅을 해 주는 것이다. 하지만 학교 현장에서 구성원 모두를 대상으로 실시하기에는 시간적으로나 전문적인 컨설팅을 해 줄 인력이 부족하기 때문에 1:1 진로 컨설팅은 현실적으로 불가능하다. 따라서 항상 현실과 어느 정도 타협을 해야 하는데 학교 단위에서 학교 업무에 지장이 없으면서 가장 적은 시간 투자로 많은 효과를 누릴 수 있는 것이 '스쿨멘토링'이다. 스쿨멘토링은 크게 7단계로 구성된다.

1단계 동기 부여 강연

학생들에게 지금 꿈을 꾸는 것이 왜 중요하며, 꿈을 꾸고 그 꿈을 이루려고 노력할 때 내가 진정으로 행복해질 수 있음에 대해 아이들의 눈높이에 맞는 강연을 해 준다. 강당에 다 모여서 들을 수도 있고 방송 시설이 좋은 곳은 방송을 통해서 들을 수 있다. 이때 어른들의 시각이 아닌 아이들의 시각으로 전달하는 것이 중요하다.

2단계 학과 계열 선정 검사

일반적으로 학교에서는 1교시 지능 검사, 2교시 적성 검사라는 식으로 매년 형식적으로 하는 경우가 있는데 이 경우에 아이들은 진지하게 검사에 응하지 않는 경우가 많다. 그렇기 때문에 진로 적성 검사인 학과 계열 선정 검사를 하기 전 동기 부여 강연이 필요한 것이다. 동기 부여 강연을 들은 학생들은 적성 검사가 자신의 인생 결정에 중요한 영향을 미칠 수 있다고 판단해서 더욱 진지하게 검사를 할 것이고 결국 올바른 결과를 낼 수 있게 된다.

3단계 해석 강연

'검사가 100이라면 해석은 300'이라는 말이 있다. 사실 적성 검사를 하고 형식적으로 결과용지만 나누어 준다면 아이들은 어떻게 해석해야 할지 모르기 때문에 검사 자체가 무용지물이 될 수도 있다. 그러므로 검사 결과를 바탕으로 전문가의 해석을 듣는 것이 중요하다. 그래야 각 항목에 대하여 뜻하는 바를 정확하게 이해할 수 있게 된다. 적성 검사표는 성적표처럼 우열을 가리는 것이 아니므로 친구들과 비교해 보면서 자신을 탐색하는 시간이 된다.

4단계 커리어맵 작성
적성 검사를 기반으로 자신이 앞으로 어떤 꿈을 가질 것이며, 그 꿈을 이루기 위해서는 어떤 학과를 목표로 할 것인지, 그래서 어떤 계열의 공부를 할 것인지, 직업, 학과, 계열을 연결시키는 것을 커리어맵 작성이라고 한다. 자신의 꿈과 학교에서 앞으로 해야 할 선택들이 별개가 아니라 서로 관련이 있다는 것을 알고 준비 방법을 깨우치게 된다.

5단계 학업 포트폴리오 작성
목표가 정해졌다면 학교를 다니는 동안 꿈을 이루기 위해서 어떤 활동들을 해야 할지 구체적으로 정해야 한다. 특히 고등학생들은 입학사정관제 준비를 위한 필요한 활동 계획을 정하는 시간으로 활용할 수 있다. 만약 핵물리학자라는 꿈을 이루기 위해 물리학과를 목표로 하고 있다면 어떤 과목에 좀 더 신경을 쓰고 어떤 동아리 활동, 독서 활동을 해야 할지에 대해서 계획을 세우는 시간이다.

6단계 개별 상담
모든 학생에게 실시하기는 어려우나 도움이 꼭 필요한 학생에게는 개별 상담을 실시한다. 검사 및 다양한 체험을 통해서도 진로 설계가 어렵거나 특정 분야에 막혀 더 이상 생각이 발전되지 않을 경우가 이에 해당한다. 개별 상담은 진로 상담실에서 진로 진학 상담 교사나 파견 나온 전문가와 함께 자신의 커리어맵을 중심으로 개인적인 궁금증을 해결해 나가는 시간이다. 그러므로 진로 진학 상담 교사의 역할은 앞으로도 기대되는 분야이다.

7단계 학부모 및 교사 연수

학생이 아무리 좋은 교육을 학교에서 받았다고 해도, 가정에서 부모가 동의를 안 해 주거나 교사가 그 중요성을 인식하지 못한다면 아이들은 혼란스러울 수밖에 없다. 따라서 스쿨멘토링에는 반드시 학부모나 교사 연수가 병행되어야 한다. 이 방법론이 어떤 효과가 있는지 집에서는 어떻게 지원을 해 주어야 하는지가 학부모에게 전달되어야 한다. 그리고 교사에게는 아이들의 상담 결과에 대한 정리 내용과 앞으로의 활용법에 대해서 알아야 한다.

스쿨멘토링은 적은 시간을 들여서 학생, 학교, 학부모가 아이의 꿈에 대해서 진지하게 현실적으로 고민하고 설계하는 시간을 갖는다는 점에서 효과적이다. 게다가 기본적으로 학교에서 해 오던 것들을 하나의 테마로 묶어서 실시할 수 있다는 것이 학교 운영 측면에서 부담이 없어 좋을 수 있다. 또 어떤 학교들은 이런 기본틀에 '직업엑스포'처럼 자신들이 찾은 분야에 대한 전문가와의 미팅 시간을 갖는 등 확장 활용할 수 있다는 장점이 있다.

부록
진로 성숙도 테스트

진로 성숙도 테스트

진로 성숙도는 진로에 대해 어느 정도 준비하고 있는가로 진로에 대한 의식과 함께 정보적인 측면을 포함한다. 진로 성숙도를 높이기 위해서는 시험·자격증, 직업, 학과, 도달 경로 정보에 대한 지식이 필요하다. 그럼 4가지 영역에 대해 현재 어느 정도 지식이 있는지를 알아보기 위한 간단한 문제를 풀어 보자.

문제

1) 시험·자격증 현재 교육 제도에 따라 시험이 어떻게 바뀌는지, 직업과 관련된 자격증 제도가 어떻게 바뀌고 있는지 아는 것은 중요하다.

1. 건축학과에 진학하지 않더라도 관련 경력이 있으면 고등학교 졸업자도 건축기사 시험에 응시가 가능하다.
① O ② X

2. 약학전문대학에 진학하기 위한 '약학대학 입문 자격시험'에 응시하기 위해서는 4년제 대학 졸업(또는 졸업 예정) 자격이 필요하다.
① O ② X

3. 입학사정관제는 입학사정관을 통하여 시험 점수만으로 평가할 수 없었던 잠재능력과 소질, 가능성 등을 다각적으로 평가하고 판단하여 각 대학의 인재상이나 모집 단위 특성에 맞는 신입생을 선발하는 제도이다. 이러한 특성에 따라 입학사정관 전형은 (   )모집에 존재한다.
① 수시 ② 정시 ③ 수시와 정시

4. 법학전문대학원에 진학하기 위해 쳐야 하는 '법학적성시험'은 (   )라고 한다.
① LEET ② MEET ③ PEET

5. 보육교사 자격증을 가지고 있으면, (   )에서 근무가 가능하다.
① 어린이집 ② 유치원 ③ 어린이집과 유치원

2) 학과 정보 학과 정보를 탐색할 때에는 어떤 학과가 있는지, 그 학과에서 무엇을 배우는지, 학과 환경은 어떠한지를 파악하고 있는 것이 중요하다.

1. 글로벌화에 힘입은 국제 교류의 활성화의 결과로 통역과 번역가에 대한 수요가 크게 증가하고 있다. 하지만 국내에는 통·번역가를 양성하는 통역대학원이 없다.
① O ② X

2. 통계학은 집단 현상을 수량적으로 관찰하고, 분석하는 방법을 연구하며 졸업 후 금융 분야, 리서치 회사 등 진출 분야가 아주 넓다. 통계학과는 대학에서 (   )계열에 속한다.
① 문과 ② 이과 ③ 문과, 이과(대학에 따라 다름)

3. 건축학과는 (   )년제, 건축공학과는 (   )년제이다.
① 4, 4 ② 4, 5 ③ 5, 4

4. 서반어학과는 (   )를 배우는 학과이다.
① 러시아어 ② 아랍어 ③ 스페인어

5. '이과의 경영학'이라고 불리며, 인간이 생활하기 위해 필요한 시스템을 효율적으로 관리하는 법을 배우는 학과는 (   )이다.
① 산업공학과 ② 환경공학과 ③ 메카트로닉스학과

3) 직업 정보 직업에 대해서 탐색할 때에는 세상에 얼마나 다양한 직업들이 있으며, 직업들이 어떠한 일을 하는지 아는 것은 매우 중요하다.

1. 변호사 자격증이 있으면 노무사 직무도 겸할 수 있다.
① O ② X

2. 보험, 연금 등에 대한 보험료 및 보상 지급금을 계산하고 보험 상품을 개발하며 보험회사의 전반적인 위험을 평가·진단하는 사람을 (   ) 라고 한다.
① 보험계리사 ② 손해사정사 ③ 금융공학자

3. 자동차, 토지, 건물, 주식 등의 경제적 가치를 평가하여 그 결과를 화폐 가치로 산정하는 사람을 (   )라고 한다.
① 화폐감정사 ② 감정평가사 ③ 벤처캐피탈리스트

4. 주식 시장에 상장 혹은 등록되어 있는 기업과 관련된 정보를 수집·분석하고 산업 동향과 특정회사에 대한 투자 관련 정보를 제공하는 전문가를 (   )라고 한다.
① 애널리스트 ② 펀드매니저 ③ 경영컨설턴트

5. 첨단 기술의 발달과 함께 지적재산권의 창출 및 보호의 중요성이 증대되고 있다. 그래서 특허를 주어 새로운 기술이나 아이디어를 공개함과 동시에 새로운 방법과 물건에 일정 기간 독점권을 갖게 하고 있다. 이러한 특허·실용신안·디자인 또는 상표에 관해 특허청 또는 법원에 대해 하여야 할 사항의 대리 및 그 사항에 관한 감정 등의 업무를 하는 사람을 (   )라고 한다.
① 법무사 ② 변리사 ③ 세무사

4) 도달 경로 정보 도달 경로는 시험 및 자격증, 학과, 직업이 묶여 있는 것으로 각각 연결된 정보를 알아두는 것이 중요하다.

1. 사범 대학을 졸업하여 정교사 2급 자격증을 취득하면 임용 시험 합격에 상관없이 공립학교 교사가 될 수 있다.
① O ② X

2. 국민소득 증대와 함께 금융 분야 직업들에 대한 관심이 높아지고 있다. 금융 분야로 진출하기 원한다면 (   ) 계열로 진학해야 한다.
① 문과 ② 이과 ③ 문과 혹은 이과 (둘다 가능)

3. 고객과 관련된 자료를 분석, 통합하여 고객 특성에 기초한 마케팅 활동을 계획하고, 지원하는 사람을 CRM전문가라고 한다. 다음 중 이 직업에 진출하기에 적합한 학과가 아닌 것은? (   )
① 통계학과 ② 컴퓨터공학과 ③ 커뮤니케이션학과

4. 《동의보감》을 지은 허준처럼 한약, 보약, 침술 등 전통 의료 기술을 바탕으로 사람의 병을 치료하고 예방하는 일을 하는 사람을 한의사라 한다. 한의사가 되기 위해서 대학에서 공부해야 하는 기간은 (   )년이다.
① 4년 ② 6년 ③ 8년

5. 시스템엔지니어는 최적의 정보 시스템을 구축함에 있어서 적합한 정보 시스템을 전문적으로 분석·설계하고 구축하는 일을 하는 사람이다. 다음 중 시스템엔지니어가 되기 위해 진학하기 좋은 학과가 아닌 것은? (   )
① 컴퓨터공학과 ② 자동차공학과 ③ 세라믹공학과

정답 및 해설

1) 시험 · 자격증

1. 정답 : ①   건축기사의 시험응시 자격을 살펴보면, 건축학과와 같은 관련 대학 출신뿐 만 아니라 일정기간 경력을 갖추거나 산업기사 등급의 자격을 취득하고 경력을 쌓은 사람도 시험에 응시하는 것이 가능하다. 2년제 전문대학 관련학과 졸업자는 동일 및 유사 직무분야에서 2년 이상 실무에 종사하면, 지원이 가능하다.(3년제는 1년 이상) 그리고 대학을 졸업하지 않더라도 기술훈련과정을 이수한 경우에도 지원할 수 있으며, 학위가 없는 경우 관련된 자격증이 있다면, 지원이 가능하며 요구되는 경력이 짧아진다.

2. 정답 : ②   약학전문대학에 지원하기 위해서는 4년제 대학에서 2학년 또는 4학기 이상을 수료(예정)하면 지원이 가능하다. 약학전문대학은 2+4 체제로 2학년을 마치고, 진학하게 되므로 반드시 4년제 대학 졸업(또는 졸업예정) 자격이 필요한 것은 아니다. 그리고 2년제 대학의 졸업(예정)자와 학점인정 등을 통해 전문학사 이상을 취득한 경우에도 지원이 가능하다.

3. 정답 : ③ 입학사정관 전형은 수시 뿐 만 아니라 정시에서도 선발한다. 성적 외에 다양한 전형요소를 평가하는 특성 때문에 수시에만 있는 것으로 오해하기 쉬우나 정시에서도 입학사정관 전형은 실시된다.

4. 정답 : ① LEET(Legal Education Eligibility Test, 법학적성시험)은 법학전문대학원에서의 기본 수학능력과 법조인으로서 지녀야 할 기본적 자질 및 적성을 평가하기 위한 시험이다. 법학적성시험 결과는 대학 4년간의 성적과 외국어 능력, 사회 활동, 봉사 활동, 심층 면접 결과 등과 함께 법학전문대학원의 입학 전형자료로 활용된다.

- MEET(Medical Education Eligibility Test, 의학적성시험): 의학전문대학원 적성 평가 시험.
- PEET(Pharmacy Education Eligibility Test, 약학적성시험): 약학대학입문 자격시험.

5. 정답 : ① 보육교사 자격증을 소지한 경우, 주로 국공립 보육시설, 법인 보육시설 및 민간 보육시설, 직장 보육시설, 가정 보육시설, 부모협동 보육시설 등의 어린이집과 놀이방 등의 보육시설에서 근무가 가능하다. 유치원에서 근무하기 위해서는 유치원 2급 정교사 자격을 취득해야 한다.

- 보육기관: 영유아보육법에 의거 보건복지부 보육정책국이 지도·감독함.
- 유치원: 유아교육법에 의거 교육과학기술부 지방교육지원국 유아교육지원과에서 지도·감독함.

2) 학과 정보

1. 정답 : ② 이화여자대학교, 한국외국어대학교에서 동시통역대학원 과정을 이수할 수 있다.

2. 정답 : ③ 통계학은 문과 성향과 이과 성향을 동시에 갖춘 학과로, 자연과학, 의학, 사회, 인문, 심리, 경영, 경제 등에 많은 영향을 주는 실용적인 학문이다. 대학에 따라 문과(연세대, 고려대, 성균관대 등) 혹은 이과(서울대, 부산대, 숙명여대 등)에 속한다.

3. 정답 : ③ 건축학과는 건축물의 설계를 집중적으로 공부하는 학과로 국제 기준에

따라 5년제 학과로 개편되었다. 건축공학과는 건축물의 시공을 중심으로 공부하는 학과로 4년제로 운영되며, 튼튼하고 안전한 건축물을 짓기 위해 건축물 뼈대, 재료, 시공방법, 건축 설비 등을 주로 배운다.

4. 정답 : ③ 서반어는 스페인어를 가리킨다. 스페인어는 스페인뿐 아니라 중남미 20여 개 국가에서 3억 이상의 인구가 사용하는 세계 5대 공용어의 하나이다. 프랑스어, 이태리어, 포르투갈어와 함께 라틴어의 방언이므로 이 4개 국어 중에 하나만 잘하면 나머지 외국어들은 쉽게 배울 수 있다는 이점이 있다. 스페인어학과에서는 어학은 물론 서반어 사용국의 문화, 역사, 정치, 경제, 지리에 관해 광범위하게 배울 수 있다. 점차 중남미와의 교류가 확대되면서, 스페인어는 중요한 언어로 자리 잡을 것으로 보인다.

5. 정답 : ① 산업공학은 우리나라에서는 1997년 이후 효율성이라는 측면이 더욱 강조되면서 현재 전성기를 맞고 있는 학문이다. 산업공학과에서는 사회 각 조직에서 수행되는 업무의 생산성과 경제성을 극대화하는 방법에 대해 최적화된 시스템을 효율적으로 관리하는 방법을 배울 수 있다. 또한 공학적 측면과 경영적인 측면이 뒤섞인 요소가 많고, 인지심리학, 문화학, 사회학 등 인문학적 지식도 요구되어 이과의 문과로 불리기도 한다.

3) 직업 정보

1. 정답 : ② 변호사 자격증은 법무사 자격증과 행정사 자격증을 포함한다. 세무사와 변리사 자격증도 발급받을 수 있으나, 변호사와 동시에 겸임할 수 없다. 공인노무사와 공인중개사 등 다른 자격증은 별도로 취득하여야 직무를 맡을 수 있다.

2. 정답 : ① 보험, 연금 등에 대한 보험료 및 보상 지급금을 계산하고 보험 상품을 개발하며 보험회사의 전반적인 위험을 평가, 진단하는 업무를 하는 사람은 보험계리사이다. 손해사정사는 보험에 가입한 사람에게 생긴 손해에 대해 그 원인 및 손해의 정도를 조사

한 후 관련 법규 및 보험약관에 따라 손해액과 보험금을 결정하는 업무를 보는 사람이다. 금융감독원에서 주관하는 손해사정사 시험에 합격 후, 보험회사, 손해사정업법인체, 보험협회 등에서 6개월 실무 수습 후 금융감독원에 등록하면, 손해사정사가 될 수 있다.

금융공학자는 수학적 기법과 컴퓨터 프로그래밍 등을 동원하여 새로운 금융 상품을 만드는 사람이다. 다양한 기법을 이용해 급변하는 국제 시장에서 금융 상품의 위험을 최소화하여 손실을 줄일 수 있도록 돕고, 투자 모형을 설계하여 다양한 금융 파생 상품을 내놓는다.

3. 정답 : ② 감정평가사는 동산(자동차, 항공기 등), 부동산(토지, 건물, 아파트), 무형 자산(주식, 유가증권 등)의 경제적 가치를 평가하여, 그 가치를 화폐로 산정하는 사람이다. 공시 지가의 조사 평가, 국세·지방세 등의 부과 기준 가격 산정을 위한 감정 평가, 공익사업을 위한 보상 평가, 금융 기관 등의 담보 평가, 법원 경매 물건 평가, 의뢰에 의한 감정 평가 등을 담당한다. 가격이 얼마인지 판단하는 일을 맡고 있어 분석적 사고와 판단 능력, 의사 결정 능력을 갖추는 것이 필요하며, 대인 관계 능력과 함께 공정하게 가치를 평가하는 정직성을 갖추는 것도 필요하다.

4. 정답 : ① 애널리스트는 자신의 회사나 고객들에게 금융 및 투자 자문을 제공하기 위해 경제 예측, 거래량, 회사의 재무 상태, 과거의 성과 및 주식, 채권 및 기타 투자 수단들의 장래 경향성과 같은 금융 시장 정보를 수집하고 분석한다.

펀드매니저는 투자신탁회사, 은행, 보험사, 투자자문사 등에서 자산 운영을 담당하는 전문가를 말한다. 복수의 고객이 투자를 위탁한 기금을 주식, 채권 등에 투자해 수익을 거두게 하는 것이 주된 업무이다.

경영컨설턴트는 효율적인 경영을 위해 조직 경영방법 및 체계 등을 분석하여 개선 방안을 제안한다. 현 조직 상태에 대해 경영 전략, 운영 방법, 직원 관리, 의사 소통, 경비 지출 등 여러 항목을 상세히 분석한 후 문제 요인을 발견하고, 해결할 수 있는 방법을 연구한다.

5. 정답 : ② 변리사 변리사는 '특허 변호사'라 할 수 있으며, 산업재산권의 출원에서 등록까지의 모든 절차 대리하는 사람을 말한다. 업무와 자격시험의 특성상 주로 이과(특히 공학 계열)에서의 진출이 바람직하다.

4) 도달 경로 정보

1. 정답 : ② 임용 시험에 합격하지 않더라도 정교사 2급 자격증이 있으면 사립학교에 들어가는 것은 가능하지만, 공립학교는 반드시 임용 시험에 합격해야 한다.

2. 정답 : ③ 금융 분야로 진출하기 위해서는 경영학과, 경제학과가 포함되어 있는 문과 계열을 선택하는 것이 일반적이었으나, 최근 금융 분야 업무 수행에 있어 수준 높은 수리적 능력이 필요해짐에 따라 수학과, 통계학과, 산업공학과, 물리학과 등 수리적 능력을 개발할 수 있는 학과에서도 금융 분야로의 진출이 활발해졌다.

3. 정답 : ③ CRM(Customer Relationship Management) 전문가는 기본적으로 고객의 데이터베이스를 분석하여 기업의 마케팅 전략이나 비즈니스 전략을 추진하는 업무를 한다. 따라서 통계 분석에 대한 이해와 컴퓨터에 대한 지식이 필요하다.

4. 정답 : ② 한의사가 되기 위해서는 한의과대학을 졸업해야 한다. 공부 과정은 의과대학, 치과대학과 마찬가지로 예과 2년, 본과 4년 총 6년 과정이다.

5. 정답 : ③ 시스템엔지니어가 되기 위해서는 전문대학 및 대학교, 대학원에서 전자공학, 컴퓨터공학, 응용기계공학, 금형과, 기계설계학, 자동차공학, 컴퓨터응용기계과, 정밀기계공학 등을 전공하고 취업하는 것이 일반적이다.

*세라믹공학과 : 세라믹공학과는 비금속 무기재료의 개발과 응용을 배우는 학과로 주로 도자기, 유리, 시멘트, 내화물 등을 포함하였으나 최근에는 차세대 반도체 재료, 인조 뼈나 치아와 같은 기능성 세라믹 재료와 고강도 기계 부품 재료, 우주선 발사용 내열 재료, 원자로의 구조물과 같은 구조용 세라믹 재료로 활용 분야가 확대되었다.

지금까지 시험·자격증, 직업, 학과, 도달 경로 정보에 대한 진로 성숙도를 알아보기 위해 문제들을 풀어 보았다.

아래의 표를 통해 자신의 진로 성숙도가 어느 정도인지를 점검해 보자. 자신의 진로 성숙도를 파악할 수 있고, 취약한 분야를 알고 보완하는 과정도 필요하다.

시험·자격증	학과	직업	경로	전체
/5	/5	/5	/5	/20

20점 만점을 기준으로 진로 성숙도 정도를 다음과 같이 평가할 수 있다.

17~20점 : 전문가 수준. 진로 정보에 대한 습득 수준이 매우 높음.
13~16점 : 상급 수준. 진로 정보에 대한 습득 수준이 높음.
9~12점 : 중상급 수준. 진로 정보에 대한 습득 수준이 보통 이상임.
5~8점 : 중급 수준. 진로 정보에 대한 습득 수준이 보통임.
0~4점 : 진로 정보에 대한 보완이 필요함.

MENTORING

진로교육,
아이의 미래를 멘토링하다

1판 1쇄 발행 | 2012년 6월 8일
1판 13쇄 발행 | 2018년 12월 11일

글 조진표

발행처 김영사 | **발행인** 고세규
등록번호 제 406-2003-036호 **등록일자** 1979. 5. 17
주소 경기도 파주시 문발로 197(우10881)
전화 마케팅부 031-955-3102 편집부 031-955-3113~20 팩스 031-955-3111

ⓒ 2012 조진표

값은 표지에 있습니다.
ISBN 978-89-349-5786-7 13370

좋은 독자가 좋은 책을 만듭니다. 김영사는 독자 여러분의 의견에 항상 귀 기울이고 있습니다.
독자의견전화 031-955-3139 | 전자우편 book@gimmyoung.com | 홈페이지 www.gimmyoungjr.com

---

어린이제품 안전특별법에 의한 표시사항
제품명 도서 제조년월일 2018년 12월 11일 제조사명 김영사 주소 10881 경기도 파주시 문발로 197
전화번호 031-955-3100 제조국명 대한민국 ⚠주의 책 모서리에 찍히거나 책장에 베이지 않게 조심하세요.